Laura Wehr

Menschen in Regensburg

ALAN
SUTTON

Sutton Verlag

Laura Wehr

Menschen in
REGENSBURG

Alltagsleben 1925-1985

Die Autorin

Laura Wehr, 1973 in München geboren, arbeitete nach ihrem Abitur in einem Behindertenheim in Portugal. Nach einem halbjährigen Praktikum bei der »Regensburger Rundschau« studierte sie Volkskunde, Geschichte und Kunstgeschichte in Regensburg, München und Wien. Mit einer Arbeit über die nationalsozialistische Frauenzeitschrift »Die junge Dame« schloß sie 1999 als Magister Artium in München ab. Während ihres Studiums absolvierte sie Praktika und Werkverträge in kulturhistorischen Museen und im Journalismus. Als Museumspädagogin betreute sie die Ausstellung »Die Engel der Sixtina«. An weiteren Publikationen liegen vor: »Männer in der Werbung«, »von der heiligen familie zur kelly family. wandschmuck im wandel der zeit« sowie diverse Artikel für die Presse.

Impressum
Sutton Verlag GmbH
Gustav-Adolf-Straße 3
99084 Erfurt
www.suttonverlag.de
1. Auflage 2000
© Laura Wehr, Stuttgart 2000
Gestaltung: Gudrun Hommers, Berlin
Umschlaggestaltung: Jim Sweeney, Stroud
Satz und Herstellung: Sabine Völler, Erfurt
Lektorat: Martin Döring, Erfurt
ISBN 3-89702-224-9

Inhaltsverzeichnis

Dank

Mein herzlicher Dank gilt allen Zeitzeuginnen und Zeitzeugen, die sich zu Gesprächen und Interviews bereit erklärten und mir ihre vielen Fotos, Alben, Memoiren, Lebensläufe und persönlichen Dokumente liehen. Dank ihres Erinnerungsvermögens und ihrer Erzählbereitschaft konnte dieses lesenswerte Buch entstehen. Besonders bedanken möchte ich mich bei Dr. Margit Berwing-Wittl vom Oberpfälzer Volkskundemuseum Burglengenfeld, die mir dieses Buchprojekt vermittelte, zahlreiche Interviewpartner ausfindig machte und mich von der ersten bis zur letzten Minute des Entstehungsprozesses mit umfangreichem Bild- und Textmaterial sowie wertvollen Anregungen unterstützte. Miriam Eichinger und Martin Zückert halfen mir mit ihrem unerschütterlichen Glauben an das Gelingen dieses Buches. Danken möchte ich auch Martin Döring vom Sutton Verlag für seine fachliche Beratung und das sorgfältige Lektorieren.

Alle Abbildungen stammen aus dem privaten Besitz der Zeitzeuginnen und Zeitzeugen, die jeweils namentlich zitiert sind. Ausnahmen sind die Abbildungen auf den Seiten 26, 28, 30, 33, 36, 38, 55, 57, 58, 62, 100, 105, 124 und 126, die zum Bestand des Oberpfälzer Volkskundemuseums Burglengenfeld gehören und dieser Publikation dankenswerterweise zur Veröffentlichung überlassen wurden. Die Messerschmitt-Werksfotos verdanke ich einem der Zeitzeugen, Herrn German Riedl.

Vorwort

»Ich bin schon eine Patriotin, bin eine Regensburgerin im Herzen«, sagt eine meiner Gesprächspartnerinnen über ihre biographische Verbindung zur Stadt. Der Gedanke an Regensburg ruft bei Einheimischen und Besuchern eine Fülle von Assoziationen hervor: Donau und Domspatzen, gotischer Dom und Steinerne Brücke, Patriziertürme und Römerstadt, Bischofssitz und Fürstin Gloria von Thurn und Taxis, Messerschmitt-Werke und Studentenstadt, mittelalterliche Gassen und Stadt des immerwährenden Reichstages, Jazzfestival und Biergärten, Wurstkuchl und Regierungssitz der Oberpfalz – die Liste ließe sich fortsetzen. Regensburg wirbt mit seiner zweitausendjährigen Geschichte und präsentiert sein Innenleben durch Stadtführungen und Bürgerfeste. Touristen ziehen scharenweise durch die kleine Donaumetropole, immer auf der Suche nach dem »Echten«, Authentischen. Zahlreiche Bücher beschreiben das historische und das aktuelle Regensburg.

Doch eine Stadt erhält ihren Charakter vor allem durch die Menschen, die in ihr leben. Und das Wissen über das Alltagsleben läßt sich nicht nur aus historischen Quellen und Geschichtsbüchern erschließen, sondern insbesondere über die subjektive Wahrnehmung der Bewohner dieser Stadt. Deshalb erzählen in diesem Buch 24 Frauen und Männer über ihren Alltag in Regensburg: Einheimische und »Zuagroaste«, junge und alte Menschen. Sie sind in der Donaustadt geboren und aufgewachsen, später weggezogen, emigriert und wieder zurückgekehrt, sie leben seit Jahrzehnten hier, oder sie haben die Stadt nie hinter sich gelassen. Die meisten von ihnen gehören nicht zu den prominenten Bewohnern, standen noch nie in der Zeitung. Manche waren zunächst der Meinung, sie hätten nichts zu

erzählen. Der eine oder andere hatte sich mit der eigenen Lebensgeschichte schon intensiv beschäftigt. Trotzdem waren viele erstaunt, was ihnen alles im Verlauf des Erzählens einfiel. Eine Geschichte reihte sich an die nächste, ein Bild an das andere.

Das Gespräch mit den Zeitzeuginnen und Zeitzeugen entstand über persönliche Kontakte und das sogenannte »Schneeballsystem«. Viele Interviewpartner empfahlen Nachbarn, Kollegen oder Bekannte, die ebenfalls über ihre Lebensgeschichte und ihren Alltag in der Stadt berichten konnten. Der älteste Zeitzeuge, der in diesem Buch zu Wort kommt, ist Jahrgang 1912, der jüngste Jahrgang 1970. Die mehrstündigen Gespräche mit den Interviewpartnern orientierten sich an ihrer Erzählbereitschaft und ihren bevorzugten Themen. Als Ideenlieferant diente ein Leitfaden mit Themenschwerpunkten.

»Menschen in Regensburg. Alltagsleben 1925-1985« ist ein Kaleidoskop der Erinnerungen. Das Spektrum reicht von Kindheitserinnerungen aus den 1920er Jahren über das Leben im Nationalsozialismus bis hin zum Engagement gegen eine geplante atomare Wiederaufbereitungsanlage in den 1980er Jahren. Die bedeutenden historischen Ereignisse spielen in den Erzählungen oft nur am Rande eine Rolle. Was zählt, ist die eigene Geschichte und deren Verflechtung mit Regensburg.

Der zeitliche Rahmen, den dieser Band umfaßt, ist bewußt sehr weit gesteckt. Denn erst die Darstellung der unterschiedlichen Generationen und Lebensstile macht den kulturhistorischen Wandel des privaten Lebens deutlich. Vergleicht man Jugenderinnerungen, Ausbildungswege und Freizeitangebote der Zwischenkriegszeit mit denen der 1970er und 1980er Jahre, werden die Veränderungen im Alltags- und Familienleben des 20. Jahrhunderts offensichtlich.

Der vorliegende Band versteht sich als kulturhistorisches Lesebuch und zielt keinesfalls auf Repräsentativität. Er gibt die unterschiedlichsten Lebenserfahrungen, Einstellungen und Erlebnisse von Menschen wieder, die seit vielen Jahren mit der Donaustadt verwurzelt sind. *Erzählte Geschichte* bedeutet, der Subjektivität von menschlichen Erfahrungen einen Raum zu geben. Die Biographien, die im Zentrum dieses Buches stehen, verlaufen der Zeit entsprechend sehr unterschiedlich. Eines verbindet jedoch alle Interviewpartner miteinander: die Tatsache, daß sie Regensburg zu ihrem Zuhause gemacht haben und die Stadt zum Schauplatz ihrer Erinnerungen wurde.

Aus den Interviews ergaben sich Themenschwerpunkte, die das Alltagsleben im 20. Jahrhundert facettenreich spiegeln. Daraus entstanden die Kapitel des Buches: Kindheit, Wohnen, Einkaufen und Essen, die Zeit des Nationalsozialismus, die unmittelbare Nachkriegszeit, Arbeit, Freizeit, Feste, das Leben am Fluß und die Verkehrsmittel. Einen Ausblick gibt das Kapitel »Stadt-Ansichten abseits der Touristentrouten«, in dem die Bewohner über die guten und schlechten Seiten von Regensburg sinnieren. Im Anhang finden sich die Kurzbiographien der Zeitzeuginnen und Zeitzeugen. Illustriert werden die Erzählungen mit Bildern aus privaten Fotoalben der Befragten. Viele Fotos geben den bildlichen Ausdruck der mündlichen Erinnerung wieder, mancher Schnappschuß trifft die Pointe einer Anekdote. Als aussagekräftige Dokumente ergänzen Ansichtskarten die *Erzählte Geschichte*.

Die Menschen, die in diesem Buch zu Wort kommen, berichten in ihrer eigenen Sprache von ihrem Alltag. Der ein oder andere Satz mußte umgestellt werden, da er ansonsten beim Lesen nicht verständlich gewesen wäre. Trotzdem kann der Text nur bedingt den mündlichen Erzählungen entsprechen, da der Tonfall, die Mimik, das Sprechtempo, die Pausen und Betonungen fehlen. Lebensgeschichtliche Erinnerungen sind immer mit Emotionen verbunden. Das Lachen oder die Betroffenheit der Zeitzeugen im Text unterzubringen, hätte die Worte anschaulich illustriert.

Besonders eindrücklich schildern die Regensburgerinnen und Regensburger ihre Erlebnisse aus der Zeit des Nationalsozialismus und des Zweiten Weltkrieges. Die Erfahrungen von Fliegeralarm und Luftangriffen, Bespitzelung und Verfolgung, Lebensmittelrationierung und Hunger sind als besonders drastische Erlebnisse im Gedächtnis haften geblieben, wurden schon oft erzählt und verfestigten sich dadurch um so mehr. Die bedeutenden Ereignisse des eigenen Lebens, wie die erste Arbeitsstelle, die Hochzeit, die erste Wohnung oder die Geburt der Kinder können in das eigene Zeitraster mühelos eingebaut werden. Alltäglichere Aspekte wie die Farbe der Trambahn oder der Name des Bäckers verschwinden dagegen oft im Nebel der Erinnerung.

Die unterschiedlichen Biographien erschließen neue Perspektiven auf den Alltag in Regensburg. Durch die *Erzählte Geschichte* entsteht ein bislang unbekanntes Bild vom Alltagsleben in der Stadt Regensburg, das für die regionale Geschichtsschreibung von großem Wert sein kann.

Kindheitserinnerungen

Denken sie an ihre Kindheit und Jugendzeit zurück, stehen vielen Regensburgerinnen und Regensburgern eindrückliche Bilder vor Augen. Daß die selbstgestrickten Wollstrümpfe kratzten und die Haut auf der warmen Milch Ekel hervorrief, sind Sinneserfahrungen, die noch Jahrzehnte später in Erinnerung sind. Dramatische Geschehnisse wie Strafaufgaben in der Schule, die Mittelohrvereiterung oder der Verlust des Teddybären haben sich ebenso eingeprägt wie die Freude über die erste Puppe und der Stolz beim weihnachtlichen Vorsingen. Vor allem die männlichen Zeitzeugen berichten gerne von Streichen und Abenteuern aus ihrer Schulzeit – ein Zeichen dafür, daß Jungen ihre Kindheit anders erlebten als Mädchen.

Irmengard und Gertraud Kunst mit Spielzeug-Pferd und Wagen, 1927.

Unser Lehrer in der Karether Volks-schule hat immer zu einem Mädel ge-sagt, wenn er rausmüssen hat: »Geh an die Tafel, und wenn einer schwätzt, schreibst du ihn auf.« Wir haben ge-sagt: »Wehe, wenn du uns aufschreibst, dann kannst du was erleben.« Hin und wieder hat sie was hingeschrieben, und wenn der Lehrer die Tür aufgemacht hat, schnell wieder alles abgewischt. Einmal ist sie nicht fertig geworden mit dem Abwischen, da war natürlich mein Name auch mit draufgestanden. Dann habe ich gesagt: »Dir helfe ich.« Nach der Schule haben wir sie an den Tele-fonmasten gefesselt. Der Pfarrer hat sie dann befreit, weil sie so geschrien hat. Das wirft sie uns heute noch vor.
Hans Renner, Landwirt,
Jahrgang 1935

Taschengeld hat es kaum gegeben. Wenn ich 10 Pfennig bekommen habe, bin ich zum Insam und habe mir ein kleines Schaf für die Krippe gekauft. Da hatte ich mein eigenes Versteck für die paar Groschen, die ich in meinem Besitz hatte, und zwar war das ein Kastanienbaum mit einer Höhlung. Un-mittelbar neben unserm Block gab es Schrebergärten, da sind wir unter dem Drahtzaun durchgeschlüpft und haben Erdbeeren geklaut oder zum Muttertag Blumen.
Adolf Eichenseer, Bezirksheimatpfleger a.D.,
Jahrgang 1934

Ich bin gerne in die Kreuzschule ge-gangen. Rechnen war mein Lieblings-fach, immer die Erste war ich da bei einer Rechenaufgabe. Als Lehrkräfte haben wir Schwestern gehabt vom Kreuzkloster. Die Mama hat immer ge-schimpft, um sechse bin ich aufgestan-den und hab' nochmal gelernt, daß ich auch ja alles weiß, und um Viertel nach sieben bin ich schon in die Schule, war

Herta Wittmann (erste Reihe, fünfte von rechts) mit ihren Klassenkameradinnen aus der Kreuzschule, um 1950.

immer die Erste, um acht ist es angegangen. Davor dann noch in die Kirche
zur Kindermesse. Da ist man dann in
der Schule gefragt worden: »Wer war
heute in der Kindermesse?« Da haben
dann oft auch welche geschwindelt, die
erst kurz vor Schluß reingegangen sind,
und dann haben die anderen schon
geluert und gesagt: »Du warst gar nicht.«
Herta Wittmann, Verkäuferin,
Jahrgang 1941

Wir haben am Arnulfsplatz gewohnt.
Im Velodrom waren immer die besse-
ren Bälle von den einzelnen Gewerben.
Und da sind wir immer als Kinder, die
Maria und ich, raus und haben geschaut, wenn die Damen dann gekommen sind, mit Ballkleidern und so, das
war immer interessant, das war halt
schön für uns, da haben wir immer zugeschaut.
Erna Kölbl, Hausfrau,
Jahrgang 1916

Unser lieber Hund, der Abu, war ein
Afghane, das war ein wunderschöner
Hund, ist aber dann total bösartig geworden. Weil wenn mein Vater heim-
kam, durfte der Hund immer alles, und
meine Mutter hat sich tagsüber immer
bemüht, das Viech im Zaum zu halten
und irgendwie zu erziehen. Durch das
ewige Hin und Her ist der dann echt
böse geworden und hat meinen Vater
auch einmal angefallen, dann hat man
ihn also weggeben müssen. Das war ein
Drama für uns Kinder, weil die Leute,
die ihn genommen haben, haben das-
selbe Auto gehabt wie wir. Der Hund ist
da eingestiegen, als wenn er halt eine
kleine Ausfahrt machen würde, der hat
das nicht gecheckt. Meine Mutter und

Claudia Schwerdtfeger mit ihrer jüngeren
Schwester Doris bei einer Spazierfahrt im
Kellerweg, 1963.

wir Kinder haben nur geheult, tagelang.
Es hat noch wochenlang in der Diele,
wenn es geregnet hat, »gehundelt«, also
nach Hund gerochen, das war wirklich
schlimm. Wir haben auch junge Katzen
gehabt, die Geburten haben wir miter-
lebt und die Zeugung im Garten, da
haben wir immer die Kater ausgewählt
und Geburtenkontrolle gemacht. Wir
waren wahnsinnig viel draußen im
Wald und im Gelände, haben etwas gesammelt und Verstecken gespielt und
Märchen erzählt. Und im Kneitinger
Biergarten auf dem Galgenberg, da ist
ein Kinderkarussell mit einem Metall-
steuerradl und Sitzen aus Holz. Da ist
meine Schwester mal aus der Kurve
rausgeflogen, weil wir so schnell ge-
dreht haben.
Claudia Schwerdtfeger, Volkskundlerin
und Verlagsangestellte,
Jahrgang 1960

Unsere Kinder sind in die Kreuzschule gegangen. Der Hochweg war noch eine Landstraße, ungepflastert und ungeteert. Gegenüber vom Stadtpark ist dann gebaut worden, da haben sie ausgehoben und Bretter drübergelegt. Mein Jüngster ist in die erste Klasse gegangen. Und dann ist er einmal heimgekommen und hat gesagt, er hat ein Loch, das gehört ihm, er zeigt es mir einmal. Dann sind wir in den Hochweg gegangen, da war eine Grube ausgehoben, und da hat er ein Brett drübergelegt und draufgeschrieben mit Kreide: »Das Loch gehört Richard Lutz«. Dann ist er eine Zeitlang immer nach der Schule da reingegangen.
Gertraud Lutz, Kindergärtnerin,
Jahrgang 1921

Ich bin in die jüdische Grundschule am Brixener Hof gegangen, mit einem sehr guten Freund, der hat in der Dr.-Johann-Maier-Straße gewohnt und ich in der Gumpelzhaimer Straße. Zweimal in der Woche durften wir Trambahn fahren, und zweimal mußten wir laufen. Das Faszinierende war, daß da vier Jahrgänge in einem Schulzimmer gleichzeitig waren. Aber wir waren nur so 20 Schüler, es sind nicht alle jüdischen Kinder in diese Schule gegangen, manche sind auch in die normalen Volksschulen. Wir haben in der Schule viel Hebräisch lesen gelernt, im Gebetbuch vor allem.
Juan Rosengold, Kaufmann,
Jahrgang 1923

Taschengeld war unbekannt, aber wir haben in den Schuttgruben Kupferdrähte gesammelt, Blechdosen oder Lumpen. Lumpen sind besser bezahlt worden als Blech, wenn man einen Sack voll Lumpen gehabt hat, hat man 10 oder 15 Pfennig gekriegt. Mit Mistkrallen haben wir das durchgebuddelt und jedes Eisenteil oder Blechteil rausgeholt und wieder verkauft. Da waren überall Metallhändler und eine riesengroße Firma, die haben nur mit Lumpen gehandelt und Putzwolle daraus gemacht. Spielzeug hatten wir als Kinder eigentlich nicht so. Einen Reifen haben wir gehabt, das war eine Radfelge ohne Speichen drin, da hat man einen Stock genommen und draufgeschlagen, und wem er am schnellsten über die Straße gelaufen ist, das war dann der Sieger. Oder Häusl bauen drunten am Altwasser von der Donau, aus Weiden abgeschnitten und dann Verstecke gebaut.
Walter Erhard, Dreher und Betriebsratsvorsitzender,
Jahrgang 1945

In unserem Hof haben sich immer sieben, acht Kinder zusammengetan, und da haben wir die Samba-Bande gejagt mit Speeren aus Holunderstauden oder Haselnußstauden, das war schon ganz lustig, und die haben uns dann wieder verfolgt. Später haben wir mehr im Hof von der Albertstraße gespielt. Da hat es dann so Spiele gegeben wie Wappeln, da hat man einen Ball hochgeworfen, dann mußte einer einen Korb machen, und der mußte ihn da durchschmeißen. Und dann haben wir sehr viel Federball gespielt, da haben wir richtige Turniere gemacht, viele Stunden, jeden Tag. Das war auch ein ständiger Streitpunkt mit meinen Eltern, die gemeint haben, ich soll zu Hause bleiben, Schularbeiten machen, aber in dem Moment, wo die Möglichkeit war rauszugehen, war

man draußen. Da haben wir immer ver-
einbart, daß man bei den anderen läu-
tet, um die Eltern zu beschwichtigen,
daß man sagt, der und der darf auch,
und dann durfte man meistens.
Werner Graggo, Luft- und Raumfahrt-
techniker,
Jahrgang 1942

Ich hatte eine Puppe, die hat mein
Vater selbst geschnitzt, da war ich drei
Jahre alt. Die sieht genauso aus wie ich
damals. Aber ich habe mir an ihr so oft
den Kopf angestoßen. Weil das Holz so
hart war und ihr Kopf so hin- und her-
geschlenkert hat. Und der Kopf war so
schwer, das hat er nicht bedacht. Die
Puppe haben wir im Krieg gerettet, weil
meine Mutter immer wieder Pakete
gemacht hat und zu Verwandten aufs
Land geschickt hat.
Irmengard Kunst, Chemotechnikerin,
Jahrgang 1922

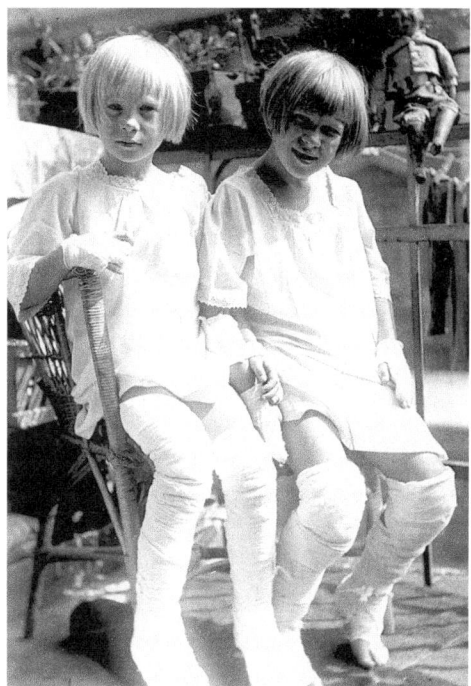

Irmengard und Gertraud Kunst bekamen 1927
dicke Verbände, weil sie ihre Mückenstiche aufge-
kratzt hatten. Im Hintergrund Irmengards Puppe,
die der Vater geschnitzt hatte.

'55 oder '56 war ich Weihnachten im
Krankenhaus, da habe ich einen Blind-
darmdurchbruch gehabt, das war eine
ziemlich böse Geschichte. Und da kam
die Kaiserliche Hoheit, das muß die
Tante vom Fürst Johannes gewesen
sein, eine spanische Infantin, die war
sehr karitativ, und da wurde jedem
Kind in der städtischen Kinderklinik
Weihnachten beschert. Ich konnte nicht
aufstehen, weil ich ziemlich lädiert
war, und da kam sie zu mir ans Bett
und hat mir die Hand geschüttelt, und
dann habe ich so einen Teller gekriegt,
mit Nüssen drauf oder Lebkuchen, und
ein kariertes Kleid, das habe ich von
der Fürstin geschenkt bekommen. Und
dann wurde uns vorher eingetrichtert:
»Vergelt's Gott, Kaiserliche Hoheit«. Die

kam mit einem gelben Mercedes, weil
die fürstliche Familie Thurn und Taxis
früher ja das Postmonopol hatte.
Edith Rölz, Finanzsachbearbeiterin,
Jahrgang 1942

Auf dem Arnulfsplatz war so ein
Rondell, da haben die Kinder Fußball
gespielt. Da sind noch so alte Omas
draußen gesessen, die haben gestrickt
und ein bissel aufgepaßt und sich un-
terhalten, das war alles so gemütlich.
Wir sind Seil gesprungen und haben
geschussert und Kästchen gehupft,
alles auf dem Bürgersteig. Wenn die
Schule aus war, haben wir immer von

der Kreuzschule aus geschussert, bis wir daheim gewesen sind.
Erna Kölbl, Hausfrau,
Jahrgang 1916,
Anton Allkofer, Bäckermeister,
Jahrgang 1924,
Elisabeth Allkofer, Fachlehrerin,
Jahrgang 1926

Mein Vater war beim Männergesangverein, und die haben immer in dem Lokal, wo jetzt das »Orphée« drin ist, ihre Proben abgehalten. Das war früher eine ganz normale Wirtschaft, wo man Bier getrunken hat, mit richtigen Bauernstühlen und einem Klavier. Da mußte ich dann einmal vorsingen und bin auserwählt worden und durfte dann bei der Weihnachtsfeier vom Männergesangverein im »Augustiner« als Engel über der Krippe »Schlafe mein Prinzchen, schlaf ein« singen. Da war ich

Eva Watter mit ihrem Bruder in der ehemaligen »Messerschmitt-Siedlung« in Kumpfmühl, 1941.

fürchterlich aufgeregt, ich hätte beinahe in die Hose gepieselt. Das muß so um 1950 herum gewesen sein.
Eva Watter, Hauswirtschaftsleiterin,
Jahrgang 1939

Wir waren drei Freundinnen im Haus, sind in die gleiche Schule gegangen, das war natürlich toll. Und mein Mann hat mich praktisch als Kind schon gekannt, der war mit meinem Bruder befreundet. Das ganze Viertel da oben, das hat uns so zusammengeschweißt. Das war ja schön, wenn du in die Maiandacht gegangen bist, in die Leonhardi-Kirche. Da bist du abends in die Maiandacht gegangen, hast ein bißchen Ball gespielt im Spatzengäßchen. Das war unsere Kindheit. Das war Ende der vierziger Jahre. Mit dem Leiterwagen sind wir in den Wald rausgefahren und haben Holz gesammelt. Wir haben immer schauen müssen, daß es gereicht hat, das hätte sich die Mutter ja gar nicht leisten können, daß ein Kind studiert. Aber wir haben trotzdem eine schöne Kindheit gehabt.
Herta Wittmann, Verkäuferin,
Jahrgang 1941

Ein ganz wichtiges Teil in meinem Leben ist der Zotti gewesen, ein Steiff-Bär, den es damals schon zu sündhaft teurem Geld gab. Und der war schon so zusammengeschmust und abgenützt, der hat kein Fell mehr gehabt. Meine Oma hat ihn mal geflickt, an den Pfötchen war dann karierter Wollstoff, und an den Öhrchen hat sie ihn zusammengeflickt, das war mein Lebensbegleiter. Eines Tages war der Zotti weg, das war das Schlimmste, was ich je erlebt habe, das Drama meines Lebens. Wir waren

Claudia Schwerdtfeger mit ihrer Schwester Doris beim Zelten im Garten, 1970. In der Hand hält sie ihren heißgeliebten Zotti.

am Friedhof mit der Oma, dann ist der Zotti im Herbstlaub verschwunden. Ich hab' nur noch geheult, das war schrecklich, bis mein Vater gesagt hat: »Das hilft überhaupt nichts, das Kind braucht einen neuen Zotti.« Also sofort zum Forchhammer, dem Spielwarengeschäft am Kohlenmarkt, da hat man also einen neuen Zotti gekauft und wieder einen Haufen Geld ausgegeben. Dann war der aber ganz wuschelig, wie er halt ursprünglich ausgesehen hat. Jetzt war der beim Daumenlutschen hinderlich, ich hatte immer den Daumen im Mund, und dann hat das gekitzelt. Da waren vorher ein paar Haarschübel, die genau wichtig waren, damit man gescheit schmusen konnte, und jetzt ist das nicht mehr gegangen, weil er so

haarig war und gestochen hat. Dann habe ich wieder gelescht, eine Woche lang, hat der Vater gesagt: »Das kann man nicht mit anhören, wir müssen mit dem Zotti was machen, der wird jetzt rasiert.« Mein Vater hat dann unter meiner Anleitung diesen damals wirklich teuren Teddy so rasiert, daß er ungefähr so hinkam wie der alte.
Claudia Schwerdtfeger, Volkskundlerin und Verlagsangestellte, Jahrgang 1960

Ich hatte ein kleines Pupperl von meiner Mama, die habe ich als Fünfjährige zu Weihnachten gekriegt. Nachher im Haus in Stadtamhof hat eine vom ersten Stock die Puppe genommen, hat

gesagt: »Du blöde Puppe«, und haut es ein, da war sie ganz kaputt, und ich habe sie dann meiner Mama zurückgebracht, die hat nichts mehr gesagt.
Betta Krön, Finanzbuchhalterin,
Jahrgang 1922

Ich bin zu Fuß von Rehtal über die Winzerer Höhen und mit der Fähre über die Donau und drüben dann rein in die Landwirtschaftsschule am Winzerer Weg. Und das war so schön, da ist jeden Tag in der Früh um halb acht, Winter wie Sommer, die alte Fürstin Margarete mit ihrem Gaul ausgeritten, die Herzogsmauer entlang, an der Donau rauf bis zur Mariaorter Eisenbahnbrücke, und dann ist sie wieder heim. Damals war das so ein Schotterweg und Ge-

Bernhard Gubo mit zwei Klassenkameraden nach seinem letzten Domgottesdienst als Domspatz, 1989.

büsch, da ist sie ganz alleine mit ihrem Gaul geritten. Das war jeden Tag unser Wiedersehen, wir haben uns schon gekannt: »Durchlaucht, guten Morgen.« – »Ja, guten Morgen.«
Hans Renner, Landwirt,
Jahrgang 1935

Ich kann mich noch genau erinnern, wie ich zu den Domspatzen gekommen bin. Das war Sommer, und ich habe im Garten gespielt mit einem Freund. Da kam meine Mutter mit so einem Hochglanzprospekt von den Domspatzen in der Hand und hat mich zu sich hergewunken: »Bernhard, schau mal, was ich da habe.« Das waren irgendwelche Kids vor Flugzeugen, beim Kickerspielen, beim Schafkopfen und beim Schwimmen. Und so eine nette Präfektin, die den Arm um einen legt und die Hausaufgaben mit ihm macht. Dann habe ich gesagt: »Super, das möchte ich auch.« Meine Mutter hat gleich gedacht, daß auf dem nächsten Prospekt ihr Sohn drauf ist, im Chorgesang, und wie er irgendwo in Japan Briefe schreibt und die ganze Gemeinde stolz ist. Ich mußte dann vorsingen beim Domkapellmeister Ratzinger, das war ein stattlicher alter Herr, der mit einem im Aufzug hochgefahren ist und gefragt hat, ob ich Fußball spiele. In so einem Riesenchorraum mußte ich vorsingen, man konnte frei wählen, und ich hab' »Lustig ist das Zigeunerleben« vorgesungen. Und das hat anscheinend ausgereicht, denn er hat mich genommen. Die haben natürlich auch Stimmvieh gebraucht, die die freien Plätze noch belegen. Ich war nie ein Starsänger, also die Chorkarriere hab' ich nicht so eingeschlagen wie manch andere, die waren in Japan und Amerika. Es gab zwei Chöre, einer war der

Superchor, der Konzertchor, und ein Chor, der war für das musikalische Fußvolk, das dann den Domgottesdienst bestreiten hat müssen. Und da war ich wohl am öftesten in meiner Klasse, zusammen mit zwei anderen, das hat mir nicht viel ausgemacht. Das ist dann natürlich schon ein erhebendes Gefühl, wenn man da steht im Dom und weiß von der Geschichte der Domspatzen, daß die schon seit 1.000 Jahren da drin singen. Da kann man diese Domdienste auch leichter verkraften. Wir haben den Dom immer als weltgrößten Kühlschrank bezeichnet, da war's immer so kalt, minus 5 Grad. Die Japanerinnen waren total heiß auf Domspatzen. Jeder Japaner, der nach Regensburg kommt als Tourist, geht zum Schluß zum Chor hin und fotografiert die Domspatzen, weil das sind kleine Jungs, da fahren die Japaner voll drauf ab.
Bernhard Gubo, Unternehmer,
Jahrgang 1970

In der Schule habe ich auch im Chor gesungen. Am Freitag war immer Chorprobe, und als ich dann meinen ersten festen Freund hatte, den Edmund, sind wir immer in die Ostenallee und den Stadtpark gegangen zum Schmusen, anstatt daß ich zur Probe gegangen bin. Da haben wir uns immer beim Schwammerl am Bahnhof getroffen, dem Kiosk, und haben sämtliche Parkbänke ausprobiert, ganz harmlos aber. Wir haben uns dann aber leider nicht so glücklich getrennt, ich habe einfach gesagt: »Ich gehe jetzt mit einem anderen«, da war ich 15 oder 16. Der hat mich dann jahrelang nicht gegrüßt.
Claudia Schwerdtfeger, Volkskundlerin
und Verlagsangestellte,
Jahrgang 1960

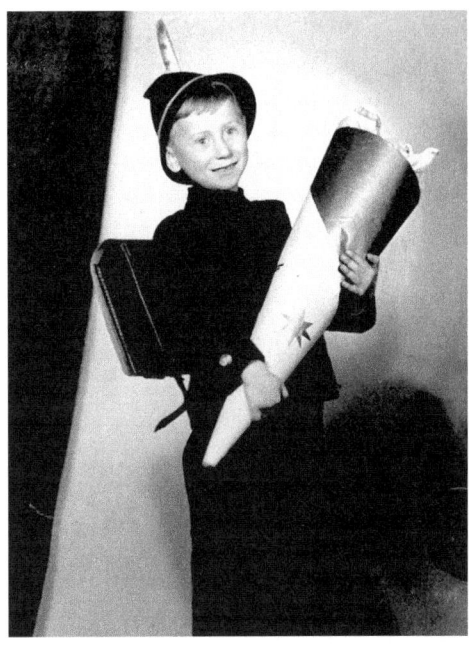

Werner Graggo an seinem ersten Schultag, 1948.

Edle Kleidungsstücke habe ich als Kind nicht geschätzt. Als kleiner Bub gab es immer Diskussionen, wann ich das erste Mal die Lederhose anziehen darf. Weil die Eltern waren immer der Meinung, es ist noch viel zu kalt, aber ich selber war der Meinung, es ist doch schon lange warm genug dafür. Das war ein Kleidungsstück, das sehr robust war, ohne Vorschriften, wie man das zu behandeln hatte. Bei der ist auch nicht kontrolliert worden, ob was zerrissen ist oder dreckig, die war sehr angenehm.
Werner Graggo, Luft- und Raumfahrt-
techniker,
Jahrgang 1942

Wo jetzt das Einkaufszentrum steht, das waren Felder, da haben wir als Kinder Erdbeeren gestohlen. Wir haben in Weichs gewohnt, und wenn wir über die Brücke gegangen sind, haben wir immer gesagt: »Jetzt gehen wir in die Stadt.« Wir waren zwei Kinder, das war für dortige Verhältnisse wenig. Ich bin mit welchen in die Schule gegangen, die sind 24 Kinder gewesen. Acht, zehn oder zwölf haben sie alle gehabt. Das war halt dorten so, da hat es keine Verhütung nicht gegeben, sind halt Kinder gekommen.

Walter Erhard, Dreher und Betriebsratsvorsitzender,
Jahrgang 1945

In der Nachbarschaft haben wir eine Frau gehabt, die hat immer Strümpfe gestrickt. Und wenn sie wieder welche gehabt hat für die Frauen, die weiter weg gewohnt haben, hat sie immer gefragt, ob ich ihr die Strümpfe raustrage, und da bin ich immer gegangen, weil da habe ich immer ein Geld gekriegt. Und das Geld habe ich behalten, da hat man sich gekauft Alleskleber zum Basteln oder was für Handarbeiten, wenn ich was gebraucht habe für die Schule. Und vor allen Dingen habe ich dann so gern gelesen, aber irgendein Buch haben wir nicht kaufen können, dann haben wir eins zu leihen genommen. Und Poesiealben haben wir gehabt, da hast du eingeschrieben für die anderen und hast deines wieder hergegeben. Und dann habe ich es einer geliehen, die hat es mir nicht mehr gebracht, die habe ich ein Jahr lang drangsaliert. Gekriegt habe ich es nicht mehr, die ist dann mittendrin wegezogen. Das war ziemlich dick, und was da alles dringestanden ist. Da hast du auch die Lehrer reinschreiben lassen und warst dann ganz neugierig, was die dir reinschreiben.

Herta Wittmann, Verkäuferin,
Jahrgang 1941

Die Ferien habe ich immer auf dem Hof bei meiner Tante und meinem Onkel in Tiefenthal verbracht, da waren auch meine Cousins und Cousinen. Ich war da der Exot und hab' denen vorgelesen, Bücher hatten die ja nicht, Karl May und was es so gab. Die Freundinnen und Freunde, die ich da gehabt habe, haben immer schon gewartet, daß ich komme. Und dann haben wir Kühe und Gänse gehütet. Auf den Stoppelfeldern konnte ich ja nicht laufen mit meinen zarten Füßen, dann mußten die mich halt tragen. Abends saßen in der Stube von meiner Tante die Nachbarn, da wurde die Wolle gesponnen und gestrickt. Die Männer haben die Füße in großen Zinkeimern eingeweicht, und dann wurden Geistergeschichten erzählt, vom letzten Scharfrichter, der stammt aus der Nähe von Tiefenthal. Einmal kam ein Gewitter auf, bei meinem Fußmarsch zum Hof meiner Tante. Die einzige Möglichkeit, mich unterzustellen, war die Unterführung an der Landstraße, die zu dem Hof vom Scharfrichter geführt hat. Aber ich wußte ja, daß ihn da die Toten heimsuchen, die er ins Jenseits befördert hat. Da hab' ich natürlich wahnsinnige Angst gehabt.

Edith Rölz, Finanzsachbearbeiterin,
Jahrgang 1942

Bei uns im Haus hat ein Lehrer gewohnt, der hat in der Klasse so einen Buben von einem Schausteller gehabt und Freikarten gekriegt. Er hat aber keine Kinder gehabt, der Lehrer, jetzt hat er sie meiner Mutter gegeben, und sie ist mit uns auf die Dult gegangen. Mein Bruder und ich, wir haben soviel geweint, weil wir haben soviel Angst gehabt. Auf dem Pferd direkt selber waren wir nicht, da waren lebende Pferde,

die sind am Karussell rumgegangen, und schöne verzierte Wägerl, aber wir haben soviel Angst gehabt, wir Kinder.
Betta Krön, Finanzbuchhalterin,
Jahrgang 1922

Ich war auch Ministrant, aber dann haben sie mich davongehaut, weil ich alles Mögliche angefangen habe. Bei einer Maiandacht hat mir ein anderer mal angeschafft, ich soll das Licht ausdrehen, und dann laufen wir davon. Und dann habe ich die Sicherung raus, und dann sind die in der Kirche drin gewesen und haben kein Licht mehr gehabt, in so einer großen Kirche. Man hat eine Sonntagskleidung gehabt, war eine lange Hose, sauber, die hat man unter der Woche nicht in die Schule anziehen dürfen, weil das war das Sonntagsgewand. Und nach einem halben Jahr hat es dann nicht mehr gepaßt. Im März, April sind wir barfuß gelaufen, weil wir ja keine Schuhe nicht gekriegt haben, da war es noch eiskalt, sind über die Stoppelfelder im Sommer, auf die Schuttplätze, wo Glasscherben waren. Wir haben Fußsohlen gehabt wie eine Ledersohle, aber die Schuhe hat man gespart, weil die hat man am Sonntag gebraucht.
Walter Erhard, Dreher und Betriebsrats-
vorsitzender,
Jahrgang 1945

Ich war in der Volksschule in Prüfening. Das Dorf war wie in den alten Bilderbüchern, herrlich. Wir haben einen Lehrer gehabt, der war wie bei Wilhelm Busch der Auer, groß und hager, und unser Fräulein Platzer, eine Junggesellin, rundlich, mit dem Schopf und der Brille, Bilderbuchtypen. Das war eine

Annemarie Kerschensteiner mit ihrem Bruder, 1935.

geliebte Schule, das war sehr, sehr schön. Wir haben Räuber und Gendarm gespielt, diese Spiele aufgezeichnet am Pflaster, und gehüpft sind wir. Oder die Ballspiele an die Wand, da gab es zehn Durchgänge, einmal umdrehen, einmal blind, einmal durch den Arm, einmal unter dem Bein durch. Am Schulhof gab es Reifenspringen oder Seilspringen.
Annemarie Filzmann-Kerschensteiner,
Wachsbildnerin,
Jahrgang 1935

Aufgewachsen bin ich am Güterbahnhof. Wenn in den Eisenbahnwaggons das Obst gekommen ist, haben sie uns Kinder allweil dazugeholt, damit wir das in so Steigen hineingeben. Das Obst, was nicht schön war, haben wir während der Arbeit essen dürfen, die haben uns dann schon einmal so eine Tasche voll Äpfel mitgegeben. Wenn die Dult war, kam auch noch der Zirkus, der ist ausgeladen worden mit den Elefanten und den Wohnwagen und was halt dazugehört. Und die Leute haben als erstes bei uns im Haus das Wasser geholt zum Kochen, auch zum Tränken der Tiere, und dadurch sind wir Kinder mit den Leuten und den orientalischen Tieren zusammengekommen, und das war halt interessant. Am Güterbahnhof waren immer ganze Güterzüge hinterstellt, und da sind wir als Buben auf die Dächer raufgeklettert, und dann ist es losgegangen, von Wagen zu Wagen gehüpft, da war so ein Abstand, da durfte man nicht danebenhüpfen. Auf der sogenannten »Viehrampe« sind Kühe, Ochsen, Pferde ausgeladen und auch wieder eingeladen worden. Die einen sind zum Schlachthof gekommen, die anderen sind am Viehmarkt verkauft worden und wieder weggeschickt worden. Oder in den nahegelegenen Lagerhäusern an den Gleisen, die Leute haben uns ja alle gekannt als Kinder, und da platzte natürlich auch oft einmal so ein Sack mit Weinbeeren oder Nüssen oder Kandiszucker, wenn wir da eine Handvoll gekriegt haben, waren wir glücklich. Dahinter war der Verladebahnhof, wo Kohlen aus den Wagen auf Pferdefuhrwerke geschaufelt wurden. Die Pferdefuhrwerke sind dann in die Stadt gefahren, da haben wir oft mitfahren dürfen, hinten drauf. Es gab einen großen Hügel von der Kumpfmühler Brücke runter, da haben wir Kinder uns immer im Lagerhaus die alten Papiersäcke geholt, haben uns draufgesetzt und sind da runtergesaust. Wir haben die Stadt sozusagen erobert. Mein Bruder und ich, die in

einem Schlafzimmer waren, wir haben allweil vor dem Einschlafen gezählt, wie viele Kirchen wir in Regensburg kennen oder wo besondere Denkmäler stehen, das haben wir immer erraten, bis wir auf einmal weg waren.
Hans Weber, Elektriker und Bürgermeister a.D.,
Jahrgang 1912

Als wir ungefähr zehn waren, haben wir Gabardine-Mäntel bekommen, das war schon was Gutes. Und jetzt waren die so lang! Damit wir reinwachsen. Alles war zu lang, und das ist nicht kürzer gemacht worden, das hat man so anziehen müssen. Die haben wir nur am Sonntag anziehen dürfen. Da sind wir immer in die Viertel-nach-zehn-Uhr-Messe in St. Emmeram gegangen. Jetzt haben wir uns doch so geniert mit den langen Mänteln und haben sie so hochgehalten, damit sie kürzer werden. Da sind wir nicht gleich in die Kirche rein, sondern daneben ist ja die Ruperti-Kirche, und da ist die Tür offen, da hat man alles gehört, und da sind wir dann sitzengeblieben. Wir haben ja die Messe mitgekriegt, wir haben es bloß nicht gesehen, und wie dann die Kirche aus war, sind wir auch noch sitzen geblieben, bis die Leute weg waren.
Erna Kölbl, Hausfrau,
Jahrgang 1916

Als Kinder waren wir oft in der Anlage, dem Bereich parallel zur Albertstraße, die Fürst-Anselm-Allee. Da gab es noch den sogenannten »Allee-Dackel«, das war ein Pensionist, der aufgepaßt hat, daß so schlimme Kinder wie wir auf den Wegen bleiben und nicht in die Anlagen treten. Wir haben immer geschaut:

Werner Graggo (erste Reihe, dritter von rechts) mit seinen Klassenkameraden aus der Oberrealschule, 1957.

Wenn der gekommen ist, waren wir ordentlich und brav. Und kaum war er weg, haben wir uns gegenseitig verfolgt und Räuber und Schandi gespielt. Streiche haben wir viele getrieben. Ein Erlebnis hat uns viel Freude gemacht, das war in der zweiten oder dritten Klasse von der Realschule. Da hatten wir eine Referendarin in Biologie. Und die hat dann gesagt: »Jetzt mache ich einheimische Gräser und Pflanzen, geht doch in der Pause in die Nachbarschaft und holt ein paar Pflänzchen.« Wir haben gearbeitet wie die Wilden in der Pause, und auf jeder Bank war ein Riesenberg an Brennesseln und Unkräutern, wir konnten kaum mehr vorschauen. Die Referendarin ist dann ins Klassenzimmer gekommen, hat das Heulen angefangen und ist zum Direk-

tor gelaufen. Wir haben uns eigentlich sehr amüsiert darüber. Der Direktor hat zwar geschimpft, und wir haben das wieder rausgetragen, aber ich glaube, insgeheim hat er auch geschmunzelt.
Werner Graggo, Luft- und Raumfahrttechniker,
Jahrgang 1942

In der Kreuzschule kam einmal eine Schwester und hat gefragt, wer ein Gedicht sagen kann für eine Primiz. Da habe ich mich natürlich auch gemeldet, bin dann auch mit ausgewählt worden und durfte 1949 bei einer Primiz in der Emmeramskirche ein Gedicht aufsagen. Das weiß ich noch, da hat der Schluß dann geheißen: »Oh, Priester, oh, vergiß uns nicht.« Das war schon damals für

mich ein bissel sehr sentimental. Aber irgendwie war es faszinierend, und ich bin beneidet worden, weil ich erst kurz in der Klasse drin war und schon ausgewählt worden bin, bei der Primiz was aufsagen zu dürfen.
Eva Watter, Hauswirtschaftsleiterin, Jahrgang 1939

Wie wir von Schierling in die Stadt gezogen sind, haben wir nicht soviel Platz gehabt, da habe ich zu den Großeltern müssen, das war eine Einöde, in Nußgarten. Der Vater ist öfters gekommen mit dem Rad und hat mich besucht, da habe ich dann immer bitterlich geweint, wenn er gegangen ist. Die Mutter hat ja nicht Radl fahren können und konnte nicht weg wegen dem Geschäft. Die Bekannten von den Großeltern haben es alle so gut gemeint mit mir, die haben mir eine Milch gegeben mit viel Haut drinnen, und ich mag keine Milch noch Haut. Die Jäger sind immer gekommen, wenn sie auf der Jagd waren, und die haben dann eine aufgezwiebelte Brotsuppe bekommen. Dann habe ich einmal gesagt: »Ich möchte auch eine solche mal probieren«, dann haben sie mir eine solche gemacht, und die habe ich dann alle Tage bekommen. Als wir dann die Wohnung gekriegt haben, bin ich heimgekommen nach zwei oder drei Jahren. Die Mutter habe ich nicht mehr gekannt.
Maria Allkofer, Köchin, Jahrgang 1915

Mit sieben Jahren habe ich Scharlach gekriegt und Mittelohrvereiterung. Nach einer Woche war dann die Krise, da kann ich mich noch gut erinnern, an die Nacht. Da hat nämlich die Mutter auf den Schrank ein Öllamperl rauf, und das Glas, das war lindgrün, das hat mich so beruhigt, ich habe dann die Eltern ins Bett geschickt. Am nächsten Tag sind die Sanitäter gekommen, mit Händen und Füßen habe ich mich gesträubt, dann haben sie mich angeschnallt und in die Kinderklinik. Abends habe ich eine Narkose gekriegt, die habe ich gleich runtergerissen, weil ich schon gewußt habe, daß Chloroform nicht gut schmeckt, und gezählt habe ich ihnen auch nicht. Da haben sie mich an den Händen gehalten und dann sind die Ohren aufgemeißelt worden. Naja, bin ich auch durchgekommen. Aber seit der Operation habe ich schlecht gehört. In der Schule bin ich immer in der ersten Bank gesessen, und meine Lieblingsfächer waren die, wo man nicht gut hören hat müssen, zum Beispiel Handarbeiten. In der Pause war ich viel alleine, weil ich nicht gut gehört habe.
Betta Krön, Finanzbuchhalterin, Jahrgang 1922

Wo es augenfällig war, daß wir ein Jungeninternat waren, war bei den Referendarinnen, die waren immer heiß umsorgt von uns, bekamen sofort einen Stuhl und Kaffee und Kaba angeboten. Streiche gab es natürlich auch, meistens zwischen Klassenkameraden. Der uralte Trick mit der Salzdose, beim Mittagessen. Den Deckel abgeschraubt, nur draufgesteckt, und der andere hatte das Salz mitten in seinem Essen. Zu den Sportlern habe ich nicht gehört. Das war mir als Brillenträger viel zu gefährlich. Ich hatte sogar in der dreizehnten Klasse eine Vorladung vor den Direktor, weil mein Sportlehrer von mir keine einzige Note hatte kurz vor dem Jahreszeugnis. Und ich quasi von Amts

wegen verpflichtet wurde unter Andro-
hung ernster Konsequenzen und nur
unter Befreiung eines Amtsarztes fehlen durfte. Da mußte ich Kegeln,
Hundert-Meter-Lauf,Weitspringen,
Langlauf, Hochsprung in einer Dreiviertelstunde absolvieren, ich habe das
auch tatsächlich geschafft, aber ich
schaffte es nicht mehr in die nächste
Stunde, denn ich ging auf allen Vieren
und der Muskelkater war unbeschreib-
lich.
Bernhard Gubo, Unternehmer,
Jahrgang 1970

Als wir von Schierling in die Stadt gezogen sind, da waren meine Schwester
und ich drei und vier Jahre alt. Dann
sind wir unten auf der Treppe gesessen, alle zwei haben wir geweint und
haben immer gesagt: »Ich möchte heim,
ich möchte heim«, weil das war fremd
für uns und wir waren auf dem Land
daheim. Dann ist die Nachbarin von
oben gekommen und hat gesagt: »Kinder, schaut, ihr seid ja schon daheim.«
»Nein«, haben wir gesagt, »ich möchte
heim.«
Erna Kölbl, Hausfrau,
Jahrgang 1916

Ich bin auf das Mädchenlyzeum am Petersweg gegangen. Sportunterricht war
im Schulhof. Da war so eine Sandgrube,
da haben wir unsere ersten Weitsprün-
ge gemacht, und aus den Fenstern
rundherum haben die anderen Kinder
uns zugeschaut. Und die Turnhalle war
ganz oben. Die Lehrerin war so streng,
da mußten wir alle in Reihe und Glied
stehen, dann hat sie mit der Trommel
geklopft und sich immer fürchterlich
aufgeregt, wenn wir nicht alle gleich-

zeitig losmarschiert sind, aber das ging
ja nicht.
Eva Watter, Hauswirtschaftsleiterin,
Jahrgang 1939

In der Niedermünsterschule haben die
meisten ein Matrosenanzügerl gehabt.
Ich wollte halt auch ein Matrosenanzügerl haben, aber ich habe keines
gekriegt. Mein Bruder hat mir später
gesagt, warum. Mein Vater hat nicht
wollen, weil man da so militärisch ausgeschaut hat. Im Internat hat man
schwarze Schürzen gehabt, ein schwarzes Kleid am Sonntag. Ich habe einen
dunkelblauen Rock gekriegt und eine
dunkelblaue Bluse, der Rock ist mir mal
runtergerutscht.
Betta Krön, Finanzbuchhalterin,
Jahrgang 1922

Betta Krön mit ihrem Bruder beim Fotografen,
1926.

In der Schule haben wir immer Streiche gehabt, und früher waren die Lehrer sehr streng. Wenn man unanständig war, hat man sich hinsetzen müssen, die Hände auf den Tisch legen und einen Bleistift drauflegen, und wenn er runtergerollt ist, hat man eine Ohrfeige gekriegt, ist am Ohr gezogen worden, und die ganze Klasse hat gelacht. In der vierten oder fünften Klasse haben wir die Gramm- und Kilozahl durchgenommen, und da bin ich gefragt worden, wieviel Gramm ein Kilogramm hat, und da muß ich gesagt haben: »500 Gramm.« Dann habe ich nach vorn gehen müssen und mich ins Eck reinstellen, hab das Kilogewicht nehmen müssen, auf meinen Kopf stellen und ganz laut sagen müssen: »Ein Kilo hat 1.000 Gramm.« Und alles hat gelacht, das ist deprimierend gewesen. Und Schundhefte, wie wir sie früher gehabt haben, wo sie zum Mond geflogen sind oder »Tarzan«, die hat mein Vater allweil zerrissen, hat gesagt: »Schmarrn.« Wenn das in der Schule gewesen ist, haben sie es in den Ofen rein, und es ist eingeheizt worden, und du hast Schläge gekriegt.
Walter Erhard, Dreher und Betriebsratsvorsitzender,
Jahrgang 1945

Meine Mama hat uns wollene Strümpfe gestrickt, und meine Schwester war so allergisch auf die Wolle. »Die beißt«, hat sie immer gesagt. Da hat es ja keine anderen Strümpfe gegeben, die mußtest du anziehen, aus. Dann hat sie ein Zeitungspapier rein und die Strümpfe drübergezogen, damit es nicht so gebissen hat. Und dann hat es natürlich geraschelt bei jedem Schritt. Ich weiß noch, auf dem Schulweg zu den Englischen

Fräulein hat es immer pressiert. Beim Seminar oben war ein Briefkasten, und ich war die Größere, wir haben immer geratscht und regelmäßig habe ich meinen Kopf an den Briefkasten hingestoßen.
Erna Kölbl, Hausfrau,
Jahrgang 1916

Einmal bin ich mit meinem Schulfreund, dem Uli, morgens in die Schule gegangen, dann haben wir den Bus verpaßt und ein Auto angehalten, das war in der ersten Klasse. Dann fuhr der in den Schulhof rein, und die Lehrerin hat gemerkt, wir sind heute aus einem völlig fremden Auto ausgestiegen, und hat unsere Eltern verständigt. Und dann Oberzoff, der Vater kam heim, und meine Mutter hat es ihm erzählt, und dann weiß ich noch den Satz: »Ich habe ein Hühnchen mit dir zu rupfen«, und ich wußte überhaupt nicht, was der will, weil ich hatte gerade gegessen gehabt, ich war völlig neben der Rolle.
Claudia Schwerdtfeger, Volkskundlerin und Verlagsangestellte,
Jahrgang 1960

Wie ich in die Kreuzschule gegangen bin, da habe ich auch so dunkelblaue, wollene Strümpfe gehabt, und die sind in der Früh als erstes zerrissen gewesen, und da hat auch niemand Zeit gehabt, daß sie das geflickt hätten und so weiter. Jetzt habe ich dann die Tinte genommen und hab' die Haut voll Tinte gemacht, dann hat man das gar nicht mehr so gesehen.
Anton Allkofer, Bäckermeister,
Jahrgang 1924

Wohnen zwischen Schlafsälen und Schloßgemächern

Wohnen ist ein menschliches Grundbedürfnis. Wie unterschiedlich man wohnen kann, zeigen die folgenden Geschichten, die vom Alltag in einer Eisenbahnerwohnung der 1920er Jahre ebenso berichten wie von der Einquartierung im fürstlichen Schloß, vom Internatsleben oder der studentischen Wohngemeinschaft heute. Viele der Befragten können sich detailliert an die Wohnung ihrer Kindheit erinnern, wissen genau, welche Möbel dort standen, wie mühevoll das Heizen, Waschen und Putzen war. Eindrücklich sind die Schilderungen der Nachkriegszeit. Der Wohnungsmangel forderte ein Zusammenrücken auf engstem Raum und ließ kaum ein Gefühl der Privatsphäre aufkommen. Hier wird deutlich, wie sehr sich die Wohnbedürfnisse der Menschen in den letzten Jahrzehnten geändert haben.

Hans Renner mit Familie auf dem Hof in Rehtal, Mitte der 1940er Jahre.

In der Nähe von der Kirchenmusik-schule St. Mang haben wir im zweiten Stock gewohnt, das waren so ungesunde Wohnungen, alle auf der Nordseite. Am ersten Tag haben wir Kinder halt um-einandergetollt in der Wohnung, da ist der Hausherr schon heroben gewesen: »Ja, das geht nicht, daß ihr da in der Wohnung Lärm macht und umeinan-derlauft, dafür ist der Gang da.« Im Winter war es natürlich auf dem Gang gescheit kalt. Und die Wohnungen wa-ren überhaupt sehr schlecht zu heizen, das war nämlich vor der Säkularisation ein Kloster. Wir haben die größte Woh-nung gehabt im zweiten Stock, die Tür-schwelle war 30 Zentimeter breit, da ist nämlich außen eine Tür gewesen und innen eine Tür. Da ist man rein, und

nachher ist gleich das Wohnzimmer ge-legen, und rechts davon war die Küche. Ganz einen alten Kachelofen haben wir als Küchenofen gehabt, einen alten Scherben, der hat nicht gescheit geheizt, und da hat es uns immer gefroren. An den Fenstern war das Eis so zentime-terdick, daß wir gar nicht rausgesehen haben. Und im Wohnzimmer ist bloß zur Weihnachtszeit eingeheizt worden, da war ein Kachelofen gleich hinter der Tür rechts, und da hat man fast den ganzen Tag einheizen müssen, bis es ein bisserl warm war, weil die ganze Wärme ist in die Höhe gestiegen. Links war das Kinderzimmer, das war rosa ausgemalt, das weiß ich noch, und da-hinter war das Elternschlafzimmer, das war so dunkleres Blau, und da war

Eine Ansichtskarte mit der St.-Mang-Brauerei in Stadtamhof. Betta Krön wohnte als Kind im ehemaligen St.-Mang-Kloster, zu dem die Brauerei gehörte.

noch ein Kammerl, da ist eine Tür zum Gang rausgegangen, und die war allweil zugesperrt.
Betta Krön, Finanzbuchhalterin, Jahrgang 1922

Die große Wohnküche war Wohnzimmer, Wohnküche, Spielzimmer, Babyzimmer und einfach alles, und dann gab es einen großen Tisch und eine Bank, da haben die Kinder Platz genommen. Der Herd hatte eine Kachelvorwand, da war das sogenannte »Grandl« oder »Schifferl«, wo das Wasser immer warm gemacht wurde. Geheizt hat man mit Holz und Kohle, und in der Regel mehr Braunkohle, selten Briketts und Steinkohlen, weil die ja wesentlich teurer waren. Da hat es bei den Eisenbahnern einen eigenen Versorgungsring gegeben, die haben ein eigenes Kohlenlager gehabt, da haben die ganzen Eisenbahner ihre Kohlen preiswerter einkaufen können. Und auch die alten Schwellen, die wurden dann zu Hause zersägt, das hat natürlich gut gebrannt und hat auch lange angehalten. Im elterlichen Schlafzimmer haben sie noch so ein Kanonenöferl gehabt, wenn es ganz kalt war.
Hans Weber, Elektriker und Bürgermeister a.D., Jahrgang 1912

Im Internat bei den Domspatzen konnte ich mich schlecht einfügen, zuerst die absolute Freiheit zu Hause, dann quasi das Eingepferchte, da habe ich mich schon schwer getan. In der fünften Klasse war man zu acht im Zimmer, das waren acht Betten und acht Stühle und ein schmaler Gang, mehr war da nicht. Man hatte also keinen Privatbereich. Siebte Klasse waren dann sechs Leute,

und es gab dann keine Schrankkontrolle mehr. Da hatte man selbst ein Regal, durfte Kleinigkeiten reinstellen oder Poster aufhängen, das durfte man ja bis dahin überhaupt nicht. Und da konnte man seine Persönlichkeit erst frei entwickeln. Mittwochs war das gemeinsame Duschen, das war dann immer Streß. Da war keine Singstunde eben wegen Duschen, damit die Kinder mal wieder sauber werden. Da mußte man sich so anstellen in Zweierreihen und so weiter, mit Bademänteln und Seife, dann wurde kontrolliert, Seife vorzeigen, Shampoo vorzeigen, Handtuch vorzeigen, in Zweierreihen runtergehen in den Keller, Silentium dabei, und dann so entkleiden, und dann immer so schubweise, immer zehn Leute rein, man mußte solange vor der Tür warten, dann gab es einen Duschdienst, so: »Wasser marsch, einseifen, bitte«, und dann hat man sich eingeseift. »Einseifen Ende«, »Abduschen«, und dann war wieder »Wasser marsch, abduschen«, »Jetzt Schluß«, dann mußte man sich schnell wieder abwaschen, und dann kam die nächste Gruppe schon wieder rein, und dann wieder im Silentium hoch.
Bernhard Gubo, Unternehmer, Jahrgang 1970

Unsere Wohnung war in der Lederergasse 29, das ist ein Eckhaus, hatte drei Zimmer und eine Küche, aber das war eine Flucht. Vom Schlafzimmer hat man ins Spatzengässchen runtergesehen. Und da hat es kein Bad nicht gegeben, nichts. Da hat es ein Waschhaus unten im Haus gegeben und einen Speicher. Und wenn Waschtag war in der Früh um vier, dann haben wir da mithelfen müssen, dann haben wir da gewaschen unten und die Wäsche alle in den Spei-

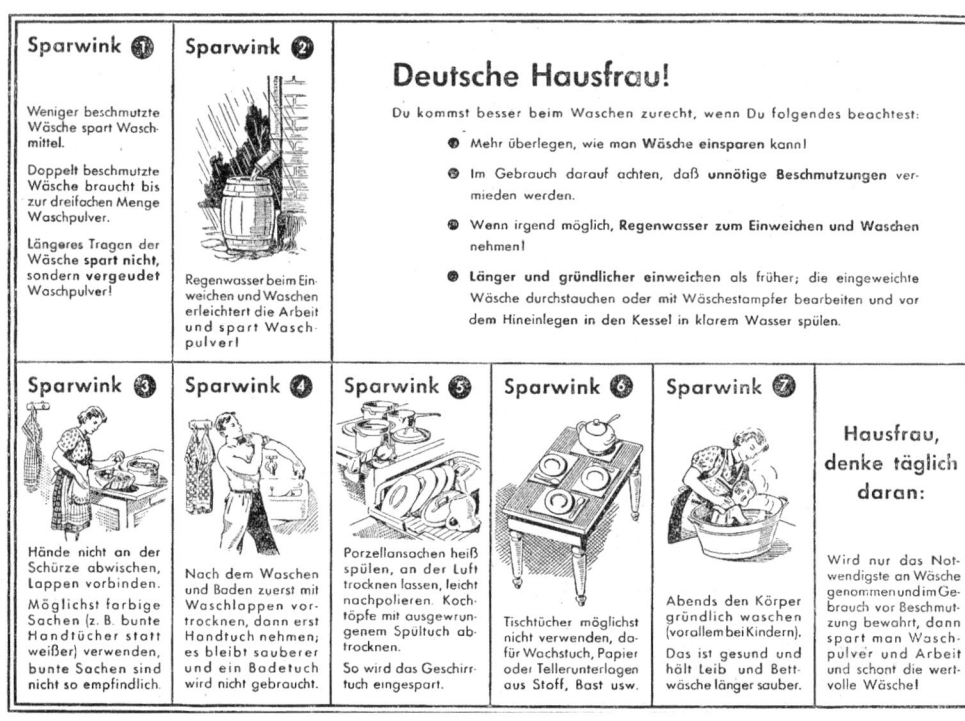

Wasch-Spartips für die Hausfrau auf der Rückseite einer »Reichsseifenkarte«, 1943.

cher raufgetragen. Wir haben bis zum Schluß kein Bad gehabt in der Wohnung, das kann man sich gar nicht mehr vorstellen. Wir haben uns alle mit der Schüssel waschen müssen. An die Küche kann ich mich noch gut erinnern, das waren alles gemütliche alte Möbel, mit so Vorhängen drin in den Scheiben von der Anrichte, und das Kanapee mit einer hohen Lehne. Wie ich Mandelentzündung gehabt habe, habe ich in der Küche auf der Couch liegen dürfen, daß ich auch was mitgekriegt habe.
Herta Wittmann, Verkäuferin, Jahrgang 1941

Ich bin in Flossenbürg aufgewachsen, also 100 Kilometer weg von Regensburg in der nördlichen Oberpfalz. Regens-

burg war weit weg, aber einen Hinweis hat es auf die Stadt gegeben: Ein buntes Reklameschild, das auf das »Erlebnis Donau-Einkaufszentrum« verwies. 1968 bin ich zum Theologie-Studium nach Regensburg. Als ich mit einem Freund auf Zimmersuche war, sind wir in ein Wirtshaus gegangen, um nach dem Weg zur Thundorfer Straße zu fragen. Dort haben Bekannte gewohnt, zu denen wir wollten, um sie nach billigen Studentenzimmern zu fragen. Die Wirtin von dem Gasthaus hat gesagt:»Was wollt ihr denn in der Thundorfer Straße, ihr Rotzlöffel?« Das war damals der Treffpunkt für die Damen der käuflichen Liebe, das haben wir nicht gewußt.
Werner Chrobak, Historiker, Jahrgang 1948

Wir haben nur mit Holz und Sägespänen geheizt, die sind in so ein Blechrohr gepreßt worden, da ist unten ein Loch gewesen, da hat man dann Zeitung zusammengewickelt, reingesteckt, angezündet, und dann hat das gebrennt. Auf der anderen Seite einen Holzpflock rein, und da ist nur der Deckel draufgekommen. Dann hat es gebrennt, bis es aus war, da hat man nicht nachschüren können und nicht löschen, nichts, hat einfach gebrennt. Und wenn das zusammengefallen ist drin, dann hat der Ofen keine Luft nicht gekriegt, dann ist der Deckel in der Küche umeinandergeflogen, ach, das war schlimm. Wenn Hochwasser war, sind wir Kinder mit einer Zille in die Donau rein und haben alles Holz, was da runtergeschwommen ist, eingesammelt. Alle Samstage, also den ganzen Sommer durch, ist Holz geschnitten worden, mit der Hand genau auf Maß, Stückel von 25 Zentimeter, der Vater war sehr akkurat. Wenn es länger war, ist es nicht reingegangen, dann hätte es uns der Vater aufs Hirn draufgehaut. Und da hast du nicht zum Fußballspielen gehen können, der Vater hat immer gesagt: »Wennst nicht Holz schneidst, dann derfrierts daheim. Aus.« Und da haben wir den ganzen Sommer gearbeitet, also.
Walter Erhard, Dreher und Betriebsratsvorsitzender,
Jahrgang 1945

Nach dem Krieg hatten wir hier gar keine Wohnung, im Sommer waren wir mal in Regensburg, und da haben wir also alle in einem Zimmer in der Winklergasse gehaust, wie das zu der Zeit so üblich war, und ich weiß, da war ich dann so schockiert, weil ich da zum ersten Mal einen nackten Mann gesehen habe, meinen Vater. Ja, mei, zu der Zeit war man noch ganz anders, und dadurch, daß alle in einem Zimmer waren, hat sich das irgendwie so ergeben, und das weiß ich, das hat mich entsetzlich schockiert, daß ich einen nackten Mann gesehen habe. Gell, heute kann man sich das gar nicht mehr so vorstellen, weil es so selbstverständlich ist, man sieht das am Fernsehen oder sonst irgendwo.
Eva Watter, Hauswirtschaftsleiterin,
Jahrgang 1939

Ich weiß noch, wir haben lang keinen Fernseher gehabt. Einen ersten Plattenspieler, das war so ein Musikschrank mit diesen Schallplatten, den haben wir noch. Und am Sonntag hat es immer Schweinebraten gegeben, und dann ha-

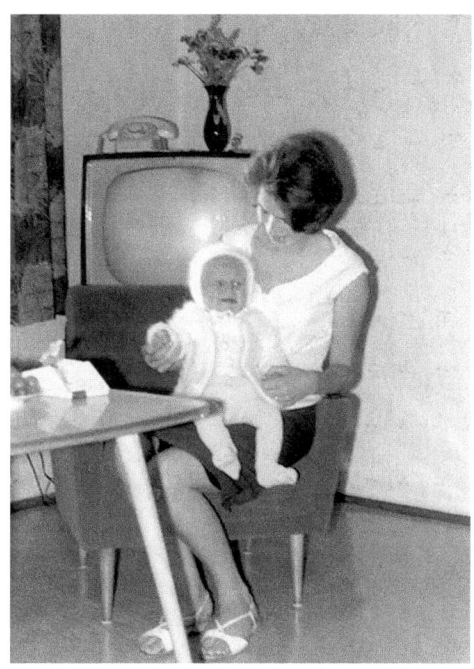

Walter Erhards Frau mit Sohn. Im Hintergrund eine typische Wohnungseinrichtung der 1960er Jahre.

Aus einem in den 1930er Jahren erschienenen Werbeprospekt für eine Miele-Waschmaschine: »Der treue Helfer für die Hausfrau«.

ben wir ja alle helfen müssen zum Kochen, Kartoffelreiben nach der Kirche. Am Anfang haben wir nur zwei Schallplatten gehabt. Die haben wir eine ganze Stunde lang, wenn eine aus war, das nächste wieder eingeschaltet, das waren immer dieselben Platten. Das war vom Freddy, das weiß ich noch gut: »Kein Land kann schöner sein«, das war die erste Platte, wo wir damals gehabt haben, und den »River-Kwai-Marsch«.
Herta Wittmann, Verkäuferin,
Jahrgang 1941

Die Wäsche hat man eingeweicht zuerst in Holzasche, und die Seife hat meine Mutter selber gesotten, mit Seifenstein, dann Kernseife hergeschnitten, dann haben sie fest gerieben, das war früher ein Mordsding. Das Wasser kam aus dem Brunnen, wir haben fließendes Wasser gehabt, und nachdem

der elektrische Strom 1926 da war, haben wir unten im Brunnen eine Pumpe gehabt. In der Küche war ein riesengroßer Herd gestanden und ein kleines Kanonenöferl, da hat man so lange Scheite reingetan. Im Winter hat man vom Wald die Äste zusammengehaut zu sogenannten »Bauschen«, die sind eingeheizt worden. Auf d' Nacht sind die Leute um den Tisch rum gesessen und haben da geratscht. Das war die ganze Heizung. Das Wohnzimmer wurde nur geheizt am Feiertag. Ich habe da oben mein Schlafzimmer gehabt, da waren einfache Fenster drin. Wenn es sehr kalt war, haben wir Dachziegel in das Bratrohr gelegt, in einen Lappen eingewickelt und ins Bett rein, und wenn man reingeschlupft ist, ist es einigermaßen vorgewärmt gewesen. Wenn man in der Früh aufgestanden ist, war die Bettdecke gefroren. Die Knechte und Mägde haben im Winter eine Decke und ein Kopfkissen mitgenommen, und dann sind die in den Roßstall, weil da war es warm drin.
Hans Renner, Landwirt,
Jahrgang 1935

Mein Ausbilder bei Messerschmitt, der ist mit seiner Familie in die »Hermann-Göring-Siedlung« gezogen, die hat Messerschmitt gebaut in Kumpfmühl, jetzt heißt es »Ganghofer-Siedlung«. Die haben nur einen kleinen Buben gehabt, den Heinzi, jetzt haben sie ein Zimmer frei gehabt, und er hat mir vorgeschlagen, das Zimmer zu nehmen, das hat 20 Mark gekostet. Im Lehrlingsheim waren so Holzbaracken mit Doppelbetten. Dort war es mir zu streng, da habe ich nicht immer heimfahren können.
German Riedl, Rundfunkmechanikermeister,
Jahrgang 1928.

Bei der Oma am Fischmarkt durften wir alles. Diese Wohnung war so schön, das war eine Riesenaltbauwohnung, alte Holzböden, so knarzige Böden und alte Türen, und ein Klo mit so einem Zug, und dann noch eine Badewanne mit Löwenfüßen, das Bad war eigentlich nur ein Durchgang und ein Kanonenöfchen davor zum Einheizen. Und in der Küche war ein richtiger Gasofen und eine Ottomane, so eine Art Couch, und da durften wir immer springen und hopsen, bis unten das Seegras rausgefallen ist, bei der Oma war also alles erlaubt. Und so ein altes Radio zum Drehen, war auch immer interessant für uns Kinder, das grüne Licht ist immer gewandert mit der Skala. Da gab es früher nicht einmal einen Kühlschrank, an der Nordseite waren unter den Fenstern so lange Schubkästen, da hat man Butter und Käse rein, das war die Seite runter an die Donau. Da hat die Omi noch die Möwen gefüttert im Flug, hat sie immer Kartoffeln rausgeschmissen, die sind ganz nah hergeflogen. Wir durften uns verkleiden, da gab es ganze Koffer von altem Zeug, und Prinzessin spielen und alles durcheinander bringen und köcheln. Und das Abenteuer, mit ihr die Wäsche zu hängen am Wäschespeicher oben, das waren so ausgestellte Fenster, die Tauben sind geflattert, und das war ganz gruselig eigentlich. Und der Keller genauso, das war ein echter Kohlenkeller. Die Oma hat auch noch geheizt, das Schlafzimmer war eiskalt, die Betten waren halber gefroren immer, das Bettei hat es gegeben aus Metall, das hat die Oma für uns angeheizt und ins Bett reingeschoben. Dieses Schlafzimmer war so groß, das kann man sich überhaupt nicht vorstellen, wie groß das war, mit einem bestimmt 2,50 Meter breiten Ehebett, Nußbaum und

so ein Kleiderschrank, Spiegel, Frisierkommode zum Einklappen. In der Mitte gab es so eine Quaste, da hat man dann immer das Licht ausschalten müssen, wenn man schon im Bett gelegen ist, das war so toll. Meine Schwester war noch im Kinderbettl, und ich hab' dann immer im großen bei der Oma schlafen dürfen, dann hatte sie immer so eine schöne Seidentagesdecke, im Bett bist du drin gelegen wie eine Prinzessin, das war traumhaft.
Claudia Schwerdtfeger, Volkskundlerin und Verlagsangestellte, Jahrgang 1960

Da in der Albangasse, das war für mich auch ein bisserl eine Umstellung, weil bei meiner Großmutter in Schwaben, da hatten wir das eigene Haus und große Räume, hell und luftig, und man konnte in den Garten. Und das hier war einfach Stadt, die Sonne war ja irgendwo da oben. In der Küche hat meine Mutter einen großen Spiegel außen am Fenster schräg aufgehängt, daß da die Sonne draufscheint und reinfällt. Das war das Elternhaus von meinem Vater, ein sehr altes Haus, die Gasse ist so ein bißchen schief, und das Haus ist auch schräg, die Küche, der erste Raum vorn, war richtig schräg. Bei meiner Großmutter war ein richtig schönes Bad, und jetzt war das Bad unten im Parterre, und man mußte sich extra den Ofen anheizen, also nicht bloß aufdrehen, sondern richtig. Das ist einmal in der Woche gemacht worden, und sonst hat man sich mit kaltem Wasser gewaschen in der Küche. In der Küche war ein Gasherd, wo man gekocht hat, und wenn ich in die Schule mußte, hat meine Mutter die Gasflamme aufgedreht, und dann war die Küche warm. Im Wohnzimmer wur-

de es erst warm, wenn man den richtigen Ofen angeschürt hat, das war immer eine Arbeit von mir, in der Früh den Ruß und Dreck rausräumen, einschichten, anzünden. Wenn meine Mutter, mein Bruder und ich sonntags im Wald spazierengegangen sind, meistens bei Eilsbrunn, Mariaort oder auf den Winzerer Höhen, hat meine Mutter immer eine Tasche dabei gehabt, und da haben wir dann Butzlküh eingesammelt und Steckerln, das hat man alles heimgetragen und verheizt. Da gab es keine Wälder wie jetzt, wo alles rumliegt, da war alles leergefegt.
Eva Watter, Hauswirtschaftsleiterin, Jahrgang 1939

1974 habe ich mir mit einem Freund ein Haus gesucht in Tegernheim, wir

Von Studenten besetztes Haus in der Regensburger Altstadt, 1980.

haben dann eine WG gegründet, das war ein kleines Haus für 360 Mark Miete mit Garten. Das haben wir in einem sanierungsbedürftigen Zustand übernommen, ein Bad und eine Heizung eingebaut, das war danach in einem super Zustand. Wir sind viel auf Trödelmärkten unterwegs gewesen, es war keine schlechte Einrichtung, die wir gehabt haben. Wir haben auch die Betten selber gebaut, das hat auch gut ausgeschaut. Man hat halt die Matratze gehabt und die Obstkiste für Bücher, das hat eigentlich ausgereicht. Aber es hat einen ästhetischen Anspruch gegeben, wenn man die Obstkiste gehabt hat, dann hat man sie angemalt.
Wolfgang Holst, Gastronom, Jahrgang 1954

Meine Eltern haben bloß zwei große Wohnräume gehabt, jedes Zimmer 30 Quadratmeter. Und da war eins als Schlafraum, und das andere war Küche und Wohnraum. 1929 sind die drei Schwestern ausgezogen, und mein Bruder, der war Bäcker, hat in der Bäckerei in Stadtamhof ein Zimmer gehabt. Und da waren wir bloß mehr noch drei Kinder. In dem einen Zimmer waren vier Betten. Da haben der Bruder und ich die erste Zeit in einem Bett geschlafen, und meine Schwester, die hat im anderen Bett geschlafen. Aber bei uns hat es da nie sittliche Umstände gegeben, ich habe meine Schwestern nie nackt gesehen oder ausgezogen auch nicht, das war nicht wie heute, daß man in die Sauna geht, meine Leute waren sehr katholisch. Geheizt hat man mit Holz und Kohle, da hat's nichts anderes gegeben. Die Kohlenhändler haben mit Pferdefuhrwerken die Kohlen ins Haus geliefert. Die Bauern haben ein Ster

Holz mitgebracht, wenn sie zum Markt gefahren sind. Wir haben auch in den Sägewerken an der Donaustaufer Straße oft Abfall geholt, das hat nichts gekostet. Zwei Schwager waren bei der Post, und die haben alle Jahre drei oder vier Telegraphenstangen geschenkt gekriegt. Und da ist dann den ganzen Sommer gearbeitet worden, gesägt und gehackt, aufgerichtet. Am Samstag war große Wäsche im Nebengebäude, das war früher ein Stall, da sind wir ins Waschhaus gegangen. Im Sommer war das sowieso überflüssig, weil wir von der Früh bis auf die Nacht im Regen gewesen sind. Aber im Winter, da hat einer den Waschkessel eingeheizt, und dann ist das ganze Haus, der Reihenfolge nach, einfach runtergegangen und hat sich da gebadet. In großen Zubern ist das Wasser gemischt worden, das im Waschkessel war heiß, das hat man dann mit dem Schlauch reinlaufen lassen und kaltes dazu, dann war das Bad fertig. Dann sind wir zwei Buben rein. Die Schwester hat sich ja mit uns nicht gebadet, das hat es nicht gegeben.
Reinhold Heigl, Gemeindeschreiber, Jahrgang 1926

Nachdem wir ausgebombt worden waren, sind wir ins Schloß Thurn und Taxis gekommen. Und da war ein wunderschöner langer Spiegelsaal, es war die Wohnung vom Bruder vom Fürsten, und in den Fensternischen waren überall diese langen Spiegel und überall dann diese Biedermeier-Konsolen drüber, die schweren Vorhänge, und dann diese Gobelinsessel und eine alte Biedermeier-Kommode.
Annemarie Filzmann-Kerschensteiner, Wachsbildnerin, Jahrgang 1935

Fürst Albert von Thurn und Taxis mit Fürstin Margarete im fürstlichen Schloß, um 1940.

In der Küche war ein Buffet, das hat der Vater immer weiß gestrichen, und eine eiserne Bettstatt, das war mein Bett, ich habe in der Küche geschlafen. Mein Vater hat Vögel gezüchtet, Kanarien, da war rechts auf der Wand alles voll Vogelhäuseln, die ganze Küche war voll Sand und Vogelfutter. Da hat es solche Bohlen gehabt, wo 1 Zentimeter Spielraum war, da sind Wanzen gewesen und »Russen«. Da, wenn du in der Nacht aufgestanden bist, hat es immer geknackt, das Ungeziefer. Tisch war einer drin und vier Stühle, über dem Tisch war eine Lampe, die hat man runterziehen müssen, war so eine Zugschaltung. Alle Karfreitage ist die Küche ausgeweißt worden, hat man die Möbel auf die Straße runtergestellt und mit Kalk ausgeweißt, andere Farbe haben wir nicht gehabt, das war für den ganzen Tag Arbeit. Aber man hat mit der Malerbürste nicht die Decke streichen können, dann ist schon wieder was runtergefallen, weil da drunter waren Rohrmatten, das war nicht so leicht zum Weißen. Am Gang hat man ein WC gehabt, da ist das ganze Haus hingegangen. Im Schlafzimmer haben Vater, Mutter und meine Schwester drin geschlafen. Im Winter war das Eis an der Wand dran, hat man dann Bretter zusammengenagelt und an die Wand gestellt, manche Fenster auch außen mit Brettern zugemacht, und dann hat man Stroh rein, daß es abgedichtet ist. Man hat sich in der Küche auch samstags gewaschen, es ist nur einmal gewaschen worden, da ist eine Blechwanne in die Küche reingestellt worden. Als erstes hat sich die Mutter gebadet, dann haben wir durchs Fenster rausschauen müssen, umdrehen hat man sich nicht dürfen, sonst hast du eine gescheuert gekriegt, man hat halt dorten niemand nackt gesehen. Dann ist der Vater drangekommen, meine Schwester und ich. Und das Wasser ist nicht weggeschüttet worden, das ist einen Stock tiefer gekommen in den Waschkessel rein, da hat man dann die Wäsche wieder eingeweicht, einen Tag, weil Wasser war sehr knapp, wir haben als Kinder im Blecheimer das Wasser 100 Meter weit von einem Brunnen holen müssen. Waschen war ein Riesending, das ganze Haus war voll Dampf, und alles hat danach gerochen, das war so ein Riesenwaschkessel, da haben sich halt alle Leute gewaschen, und wenn soviele Leute drin waren, hat man Autoreifen eingeheizt, daß oben der Ruß vom Kamin raus ist, daß er an der Wäsche hängengeblieben ist. Das waren halt andere Zeiten, Hygiene war

da nicht besonders. In der Früh aufgestanden, das Gesicht ein bisserl naß gemacht, ich kann mich nicht erinnern, daß wir Zähne geputzt haben.
Walter Erhard, Dreher und Betriebsratsvorsitzender,
Jahrgang 1945

Im Internat hatten wir Schwestern, die waren nur für den Haushalt zuständig. Eine nannten wir »Persilia«, und zwar war das die von der Wäscherei. Uns wurde natürlich alle Wäsche gewaschen, das versteht sich von selbst. Ich hatte die Nummer 379, das ging nach Nummern. Jeder bekam bei der Einweisung ins Internat eine eigene Nummer, und da wurde alles damit versehen, Unterwäsche, Socken und so weiter. Ich glaube, ich habe jetzt noch ein paar Kleidungsstücke, wo meine Nummer drin steht.
Bernhard Gubo, Unternehmer,
Jahrgang 1970

Meine Mutter hat mir das Kochen und das Waschen gelernt. Ich bin mit den Holzpantoffeln in der Waschküche gestanden, da hat es noch diese Zuber gegeben, keine Waschmaschine. Wäschedampf, Kopftuch umgebunden, diese Riesenkessel, wo man die Wäsche noch mit so Riesenholzstecken herausgefischt hat, und gedampft hat es.
Annemarie Filzmann-Kerschensteiner,
Wachsbildnerin,
Jahrgang 1935

Von Malzkaffee und Mehlspeisen, Milchgeschäften und Märkten

Denken sie an Essen und Einkaufen zurück, fallen den meisten Befragten sofort die alten Kolonialwarengeschäfte ein, liebevoll »Tante-Emma-Läden« genannt, in denen von der Schuhcreme bis zum Brot alles zu haben war und die Bonbongläser auf der Theke lockten. Viele Interviewpartner erinnern sich an die frische Milch, die im Laden aus großen Bottichen in die mitgebrachte Blechkanne gefüllt wurde, oder an den Malzkaffee auf dem Frühstückstisch. Einhellig werden die Mahlzeiten als sehr einfach beschrieben. Vor allem in der Nachkriegszeit standen Kartoffeln fast täglich auf dem Speisezettel, auch Mehlspeisen zählten zu den beliebten Gerichten. Viele Familien waren Selbstversorger, züchteten Hühner, Hasen oder auch einmal ein Schwein, hatten einen Gemüsegarten und gingen oft in die Schwammerln.

Brotzeit in Eilsbrunn, 1944.

Einkaufen mußte ich öfters gehen, und zwar habe ich täglich Milch eingekauft. Und diese Frischmilch in der Kanne mußte geholt werden beim Thumann in der Hemauerstraße, da gab es ein Lebensmittelgeschäft, und aus dem Automat ist die Milch gekommen. Beim »Hotel zur Eisenbahn« gab es eine Gassenschenke, das war die sogenannte »Gifthütte«, da bin ich dann sonntags mit dem Krug hingegangen und habe Bier geholt. Sehr vertrauenerweckend hat die Wirtschaft nicht ausgesehen.
Werner Graggo, Luft- und Raumfahrttechniker,
Jahrgang 1942

Mein Vater wollte diese bayerische Kost, Fingernudeln, Maultaschen. Sonntags gab es Schweinebraten und Knödel, aber diese Knödel haben halt nie hin-

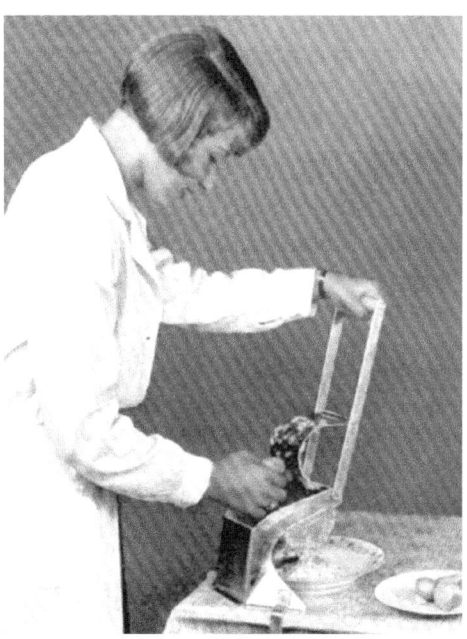

Aus einer Werbebroschüre für die Gebra-Kartoffelquetsche, 1930.

gehauen. Meine Mutter hat norddeutsche Eintöpfe gekocht, Linseneintopf, Bohneneintopf, Rouladen, wenig Fisch, den hat mein Vater nicht gern gegessen, und überwiegend Gemüse. Kartoffeln waren unser Hauptnahrungsmittel, die haben wir von den Verwandten bekommen. An der Walderdorffstraße gab es einen Konsum, zu der Zeit mit Rabattmarken, das war eine Genossenschaft. Bedient wurde man mit Tüten, Zucker aus einem großen Sack und Mehl, da gab's ja alles offen. Brot gab es da auch. Hinter dem Konsum war ein kleiner Laden für die Milch, da ging man mit der Aluminiumkanne hin. Der war im Sommer auch am Sonntag immer noch eine Stunde offen, weil man ja keine Kühlmöglichkeit hatte. Ich habe immer versucht, die Kanne zu schwenken, ohne daß da was rausläuft. Und dann habe ich natürlich nicht auf den Bordstein geschaut und wieder ein offenes Knie gehabt.
Edith Rölz, Finanzsachbearbeiterin,
Jahrgang 1942

In Rheinhausen war jeden Samstag Wochenmarkt, und das ist da alles mit dörflichem Charakter abgelaufen. Da gab es noch Bauern, die Pferde hatten, und auch Gastwirtschaften waren da sehr viele. Die haben alle große Hofräume gehabt, wo die mit den Pferdefuhrwerken sich einstellen haben können, da ist auch fast in jedem Hof im Sommer verkauft worden. Geflügel oder Eier, das ist noch nicht so kontrolliert worden, daß da ein Marktchef gekommen ist, der Standgeld kassiert hat. Die Milch ist von den Kolonialwarengeschäften verkauft worden, da haben die Bauern von Sallern in der Früh um sechs die Milch zu den Geschäften hin-

gefahren. Das war früher viel einfacher, weil die Bauern haben die Kanne Milch da hingestellt, und dann ist die Verkäuferin gekommen und hat die Milch aus der Kanne rausgeschöpft, ohne Bearbeitung vom Milchwerk. Die Kolonialwarengeschäfte waren nicht groß, aber Regale bis an die Decke rauf, und gekriegt hat man da alles. Die haben vom Stopfgarn und von den Lebensmitteln alles gehabt – ganz gleich, was: Salz, Pfeffer, Wurst, Nudeln, Bandnudeln und Rohrnudeln, alle Teearten und frisches Brot in der Früh.
Reinhold Heigl, Gemeindeschreiber,
Jahrgang 1926

Als wir während dem Krieg im Schloß untergebracht waren, sollten wir an der fürstlichen Tafel essen. Das hat meiner Mutter nicht so sehr behagt wegen der Etikette beim Essen. Da waren zwei Hofdamen, die waren sehr nett, und die eine hat zu meiner Mutter gesagt: »Ich nehme den Sohn unter meine Fittiche«, und die andere hat gesagt: »Ich nehme die Tochter«, weil wir sind ja nicht zusammengesessen. Und dann hat sie gesagt: »Schau, zuerst kommen sie zu mir, und was ich nehme, darfst du auch nehmen« – es sind ja xerlei Bestecke da gewesen. »Schau genau, was ich tue, das tust du auch.« Uns Kindern hat das schon behagt, es war schon sehr schön.
Annemarie Filzmann-Kerschensteiner,
Wachsbildnerin,
Jahrgang 1935

Neben der Sparkasse am Arnulfsplatz war ein Milchgeschäft, die Wohlleben Betti, und da hat's um ein Zehnerl einen Waffelbruch gegeben, und der Waf-

felbruch war so gut. Und wenn wir ein Zehnerl gekriegt haben, sind wir immer zu der Betti, so hat die geheißen. Jetzt haben wir auch Waffeln im Geschäft, und vor kurzem habe ich mal eine probiert, aber das ist alles nicht so gut wie damals der Waffelbruch.
Erna Kölbl, Hausfrau,
Jahrgang 1916

Wenn wir als Kinder die Großeltern besucht haben, sind wir meistens auf den Markt gegangen in Stadtamhof in der Hauptstraße. Da waren Bauern und Bäuerinnen, die in alten Kinderwägen ihre kleinen Goaßerln verkauft haben, lebendig, in so alten geflochtenen Korbwägen mit hohen Rädern. Das hat uns großen Eindruck gemacht, weil wir das nur in Regensburg gesehen haben, sonst nirgends. Kleine Biberln hat es auch gegeben.
Gertraud Lutz, Kindergärtnerin,
Jahrgang 1921,
Irmengard Kunst, Chemotechnikerin,
Jahrgang 1922

Meine Mutter ist immer am Domplatz zum Markt gegangen, der war auf der Westseite von dem Portal bis an die Straße, wo die Straßenbahn gefahren ist, und da haben die Bauern noch mit Handwagen das Gemüse und die Kartoffeln und Butter und Hühner, natürlich auch Eier und kleine Ziegen, auf Ostern mitgebracht. Auch Stallhasen konnte man kaufen und dann je nach Jahreszeit Salat oder Obst. Der kleine Markt war jeden Tag, aber am Samstag war dann der Großmarkt, da waren dann den ganzen Dom entlang noch Stände. Und da hat man bei den Kuttlern, die da gestanden sind, pfundwei-

Wochenmarkt auf dem Domplatz, um 1900.

se Kutteln gekauft und hat die in einer braunen Soße gekocht. Alles andere hat man in einem nahegelegenen Kolonialwarengeschäft gekauft. Da hat man Zucker, Salz, Mehl und Erbsen, Brot und Linsen und an Weihnachten Feigen oder Orangen kaufen können. In dem Laden gab es alles und alles nebeneinander, da stand das Petroleumfaß und daneben das Faß, wo die Salzheringe drin waren. Den hat man gekauft, dazu hat es Pellkartoffeln gegeben, das war mindestens zweimal die Woche das Abendessen. Der Vater hat auch Stallhasen gehabt im Garten und gelbe Rüben und Petersilie und Kohlrabi und Stangenbohnen, und was da frisch herangewachsen ist, hat man verkocht. Hinter Barbing war das Kartoffelland, da ist man mit dem Leiterwagen zwei Stunden rausgefahren und hat zwei, drei Sack Kartoffeln eingekauft, das waren die Winterkartoffeln, da hat der Zentner keine 2 Mark gekostet. Die Kartoffeln waren fast die tägliche Speise. Im Winter hat man die Kartoffeln genommen und im Ofenrohr gebraten, das war für uns Kinder allerweil ein Spaß. Die Eier sind in ein Wasserglas gelegt worden, damit sind sie konserviert worden, weil die waren im Winter wesentlich teurer als im Sommer. Und das Sauerkraut, da hat jede Familie im Keller ein großes Faß stehen gehabt, und wir Kinder haben, nachdem wir die Füße gewaschen haben, das Kraut einstampfen müssen. Zum Frühstück gab es Malzkaffee, da ist auch aus Eicheln Kaffee gemacht worden und aus gebratenen Kartoffelschalen, die sind gemahlen worden. Als Zutat gab es den Mandelkaffee, der war rund verpackt, und die Farbe von der Verpackung ist abgegangen, wenn man sie ein bisserl naß gemacht hat, da

haben sich die Mädchen geschminkt damit. Und ein Stück aus gepreßten Feigen ist als Kaffeewürze mit hineingekommen. Im Winter hat es allerweil Heidelbeerpunsch gegeben. Heidelbeerwein haben wir in der Ludwigstraße bei einem Weinhändler gekauft, das war für uns Kinder ein Erlebnis, die Theke und die Vitrinen, alles in Kupfer. Den Punsch hat die Mutter abends gekocht. Ab und zu haben wir ein bißchen Rum rein oder Arrak, auch Orangen und Zitronen. Das war dann immer das Getränk im Winter abends.
Hans Weber, Elektriker und Bürgermeister a.D.,
Jahrgang 1912

Am Sonntag hat es immer Schweinebraten gegeben, da haben wir immer in die Kirche gehen müssen, und nach der Kirche haben wir alle helfen müssen beim Kochen, Kartoffelreiben. Da hat es immer eine Schüssel voll Kartoffelsalat gegeben und Reiberknödel und wenig Fleisch. In der vierten Klasse hab ich eine Lehrerin gehabt, die hat immer gefragt im Sommer, wer nachmittags Zeit hat, daß wir zu ihr kommen zum Johannisbeeren pflücken und Stachelbeeren. Da hab' ich mich oft gemeldet, weil da hab' ich dann ein bißchen was essen dürfen. Wenn meine Mutter vom Bauern wieder ein Mehl gekriegt hat, dann hat sie Kiachln gebacken, und wir sind alle rumgestanden, daß wir die kleinen, heißen Kiachln gekriegt haben. Hunger haben wir eigentlich nicht gehabt, weil dann hat's halt mehr Kartoffeln gegeben oder Bröslschmarrn. Das waren gekochte Kartoffeln vom Vortag, die muß man reiben, mit Mehl und Salz und Fett in die Pfanne rein und ein Kraut dazu. In der Schule hat es für die Kinder, die viele Geschwister hatten, umsonst eine Schulspeisung gegeben. Da hat es immer was Greisliges gegeben, Erbsensuppe, das war nicht gut, da bist du angestanden und hast einen Schöpfer voll gekriegt. Alle 14 Tage hat es eine Tafel Schokolade gegeben, das war ein Festtag. Das hat man gespart und jeden Tag ein Ripperl gegessen.
Herta Wittmann, Verkäuferin,
Jahrgang 1941

Zweimal in der Woche hat es Reiberknödeln gegeben, aber ich habe nie einen gegessen, weil ich habe Reiberknödeln nicht mögen. Ich habe die gekochten Kartoffeln in die schweinerne Soße rein und ein Fleisch, und dann war das mein Essen. Fleisch habe ich immer ein Pfund und drei Fünftel geholt, für sechs, sieben Leute, aber wir sind alle satt geworden, bei uns ist viel Gemüse gekocht worden. Unsere Mutter hat alles gekonnt, Pfannkuchen und Maultaschen und Reiberdatsch und Fingernudeln und Bröselschmarrn, die Gerichte sind der Reihe nach durchgegangen worden, die nächste Woche hat sich das meistens wiederholt. Im Herbst sind wir viel in die Schwammerln gegangen, dann hat es Schwammerl mit Knödeln gegeben. Meine zwei Brüder haben miteinander jeden Tag 15 oder 16 Reiberknödel gegessen. Ich hab das nicht verstehen können, das war mir alles zu gletschert. Da hat mir immer gegraust, die Mutter hat immer so einen großen Topf gehabt, da war dann oben so ein Schleim, wenn ich den angeschaut habe, war schon Feierabend, habe ich schon gegessen gehabt.
Reinhold Heigl, Gemeindeschreiber,
Jahrgang 1926

Für die Bäckerburschen hab' ich immer beim Kneitinger ein Bier im Krug holen müssen. In der Kreuzgasse war das Wohlfahrtsamt, da hat es früher soviel Arbeitslose gegeben, da hast du kaum mehr durchkönnen. Da war ich immer froh, wenn ich wieder herin war mit meinem Bier. Wir haben eine Wasserleitung gehabt im Hausgang, und da habe ich vorher noch ein paar Schlucke genommen und wieder Wasser rein. Und dann hat der Geselle den Schaum weggetan und gesagt: »Ach, die haben wieder schlecht eingeschenkt.« Wenn wir beim Kneitinger ein Bier geholt haben am Vormittag, hat die Schankkellnerin, die Kneitinger-Rosl, einen Schlauch im Faß gehabt, erst einmal mit dem Mund am Schlauch gesaugt und dann das Bier in die Flasche reingelassen.
Anton Allkofer, Bäckermeister,
Jahrgang 1924

Als Kinder waren wir in den Ferien bei der Oma, da wurde noch Fisch verkauft auf dem Fischmarkt, da haben wir regelmäßig Forellen und Karpfen gekauft und immer Fischblasen geschenkt gekriegt vom Fischer, im Bad haben wir dann immer rumgeblödelt mit diesen Fischblasen, furchtbar gestunken haben die. Und dann war am Fischmarkt noch die Drei-Königs-Bäckerei und ein Tante-Emma-Laden und eine Metzgerei. Am Domplatz waren die ganzen Weiberl, haben wir Schwammerl gekauft und Preiselbeeren. Beim Rothdauscher am Neupfarrplatz hat die Oma ihre Kurzwaren gekauft, Knöpfe und Faden, da waren wir auch immer begeistert dabei. Wo wir am Kellerweg gewohnt haben, gab es auf der Höhe von der Brauerei ein kleines Kolonialwarenge-

schäft, die Frau Schneider, das war ein Traum, ein total süßes, kleines Geschäft. Da hat mal meine Schwester die Mutter gefragt: »Mama, kauft der liebe Gott auch bei der Frau Schneider?«
Claudia Schwerdtfeger, Volkskundlerin
und Verlagsangestellte,
Jahrgang 1960

Wenn man ein paar Zuckerrüben erwischt hat, die vom Wagen runtergefallen sind, hat man Sirup gekocht. Wir haben auch einen Schrebergarten gehabt, und da hat der Vater dann ein paar Hühner und ein paar Hasen gehalten, und so hat man sich halt durchgebracht. Der Schrebergarten war ganz in der Nähe unserer Wohnung, das war nur Selbstversorgung, aber so gute Tomaten habe ich nie mehr gegessen wie damals.
Adolf Eichenseer, Bezirksheimatpfleger
a.D.,
Jahrgang 1934

Am Römling war ein kleiner Gemischtwarenladen und drei Metzger und zwei Bäcker, da hat damals eine Semmel 5 Pfennig gekostet. So wie man heute einkauft, auf Vorrat, das kenne ich gar nicht. Meine Mutter hat mich als Kind oft schnell fortgeschickt für eine Kleinigkeit. Da ist man jeden Tag zum Einkaufen gegangen und hat nur das gekauft, was man gebraucht hat, und das gab es ja auch nicht immer. Man hat viel selber gemacht, zum Beispiel hat meine Mutter Quark mit Zwiebeln angerührt und das getrocknet, das war dann so eine Art Käse. An meine erste Banane kann ich mich erinnern, '48 oder '49, da hat mein Vater mal zwei Bananen heimgebracht, eine für mei-

nen Bruder und eine für mich. Mir hat die Banane nicht geschmeckt, das war irgendwie so ein komischer Geschmack. Und da war mein Vater bitterböse, weil er gemeint hat, Wunder, was er uns da antut. Mein Bruder schon, weil der älter war, der hat als Kind den Bananengeschmack schon gekannt, aber ich habe den nicht gekannt, weil zu meiner Zeit gab es das ja schon nicht mehr.
Eva Watter, Hauswirtschaftsleiterin, Jahrgang 1939

In der Prüfeninger Dorfstraße war ein Milchladen mit großen Milchkannen und Schöpfern aus Zink. Da hat es verschiedene Schöpfer gegeben, ein Vierteliter, ein halber Liter, ein Liter. Oder man hat Eier, Milch und Butter direkt beim Bauern geholt. Alles wurde abgewogen, dann mit den Schauferln in die Papiertüten rein und gut verschließen, und es waren oft sechs oder sieben Leute hinter dir angestanden, aber da hat keiner gemurrt. Und dann waren überall diese Glasbehälter mit den verschiedenen Bonbons, dann hat sie da reingelangt, dann hat man immer eines gekriegt. Und es hat so wunderbar geduftet in den Läden, da war alles, vom Brathering bis zur Essiggurke, von der Marmelade bis zum Schnürsenkel.
Annemarie Filzmann-Kerschensteiner, Wachsbildnerin, Jahrgang 1935

Einmal im Monat hat man zur Kommunion gehen müssen draußen in der Kirche, und dann haben wir im Institut bei den Englischen Fräulein ein Frühstück bekommen, weil wir ja nüchtern waren. Da hat es einen Kakao gegeben, der war halt so gut, weil wir haben in der Früh

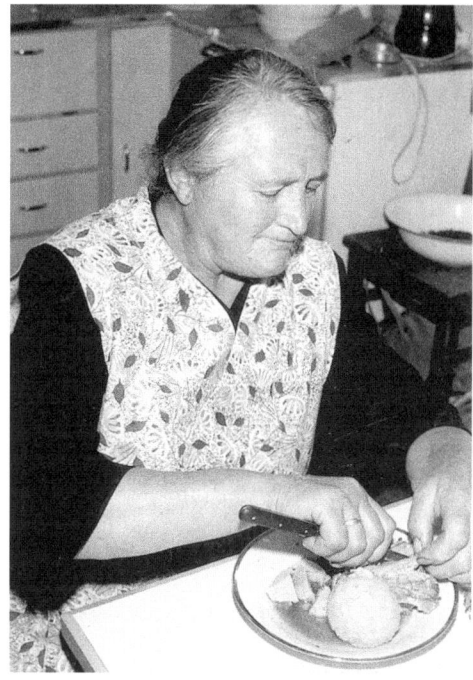

Die Mutter von Hans Renner beim Essen auf dem Hof in Rehtal, 1961.

einen Malzkaffee gekriegt. Die Wurstsemmel hat bei den Englischen 13 Pfennig gekostet, eine Semmel mit ein paar Scheiben Hartwurst.
Erna Kölbl, Hausfrau, Jahrgang 1916

In der Lederergasse war ein kleines Lebensmittelgeschäft, das war die Frau Mutschler, und in der Mitte von der Gasse war ein Obstladen, das waren die Schwarz, da hat es Obst und Gemüse gegeben, und das nächste Geschäft war der Mutter, das gibt es heute noch. Bei der Bäckerei Graf haben wir immer unser Brot geholt, ab und zu hat es schon auch mal eine Semmel gegeben. Eine Brezn hat damals 6 Pfennig gekostet, das war dann schon ein Feiertag, wenn

wir uns eine Brezn haben kaufen dürfen. Zum Frühstück gab es Lindes-Malzkaffee, das war so eine weiße Packung mit blauen Punkten, und ein Marmeladenbrot mit Sanella, nicht mit Butter. Die Marmelade war selbstgemacht, da hast du dann vom Bauern Zwetschgen gekriegt.
Herta Wittmann, Verkäuferin,
Jahrgang 1941

Im Internat bei den Domspatzen hatten wir Schwestern, die waren nur für den Haushalt zuständig. Es gab eine »Limoschwester«, wir nannten sie »Limousine«. Beim Essen konnte man sich Limo kaufen, und da war dann die Schwester, wenn man die Flasche zurückgegeben hat, die hat einem die 30 Pfennig gegeben. Und die saß dann den ganzen Tag beim Essen vor dem Limokasten und hat Limo ausgeteilt. Dann waren natürlich noch Schwestern in der Küche und an der Pforte. Und der Domkapellmeister hatte eine persönliche Schwester, die ihm den Haushalt gemacht hat. Im Haus haben wir auch ein kleines Wirtshaus gehabt, das von der Schülermitverwaltung geführt worden ist, da haben wir massenweise Schinkentoast verspeist, die wurden »Tschinks« genannt.
Bernhard Gubo, Unternehmer,
Jahrgang 1970

Das Essen war spärlich. Zum Frühstück hat es Kaffee gegeben, den Lindes-Kaffee hat man mit Zichorie-Tabletten in großen Töpfen gemacht. Und ein hartes Brot, es ist ja nichts weggeworfen worden, hat man da reingeschnitten und aufquellen lassen, dann ist ein Zucker reingekommen, und das war das Frühstück. Brotsuppe hat es viel gegeben,

das war ein warmes Wasser, auch hartes Brot rein, Zwiebeln und Schweineschmalz, abgeröstet, und wenn es mal eine Leberwurst gegeben hat, dann hat man die reingeworfen. Oder Rohrnudeln und Kakao dazu. Fleisch mit Knödeln und Kraut hat es nur am Sonntag gegeben. Kartoffeln und Kraut waren unsere Hauptnahrung, aber Fleisch und Wurst hat es nur ganz wenig gegeben. Mein Vater hat Hühner gehabt, Enten, Gänse und Hasen, mit denen hat er gehandelt, die waren in der Holzschupfe auf d' Nacht drinnen. Man hat aufschreiben lassen beim Bäcker, beim Metzger, überall. Und wenn am Freitag der Vater seine 8 oder 12 Mark gekriegt hat für die Woche, dann ist man hingegangen und hat wieder seine Schulden gezahlt. Man ist hingegangen mit einer Rogel, hat Mehl, Grieß, Zucker, alles lose gekauft. Beim Wirt hat man eine halbe Tasse Öl geholt oder eine Tasse Essig, das hat er im Keller im Faß gehabt. Und die Tüten hat man gesammelt, noch in der Lehre habe ich die Tüte, wo das Butterbrot reingekommen ist, zusammengelegt, weil am nächsten Tag wieder das Brot reingekommen ist.
Walter Erhard, Dreher und Betriebsratsvorsitzender,
Jahrgang 1945

Drüben am Hochweg war ein Kramerladen, das war sehr urig, weil da waren noch alte Leute drinnen und die Tochter, die haben Milch in so großen Milchbottichen gehabt. Da haben sie die Milch rausgeschöpft, einen Liter in so Aluminiumkannen, die waren nicht übertrieben sauber. Dann ist der Schöpflöffel wieder reingefallen, hat sie ihn rausgefischt und weitergeschöpft. Dann haben sie zwei Hunde gehabt, die sind

Die Hauptkantine der Messerschmitt-Flugzeugwerke. Werksfoto aus den 1940er Jahren.

dazwischen ein bißchen gestreichelt worden. Das war ein sehr beliebter Laden, weil beim Einkaufen hat man alles erfahren, was wichtig war, das war das »Dorfblatt«. In der Früh hat sie immer Semmeln gebracht und an die Türe gehängt.
Gertraud Lutz, Kindergärtnerin,
Jahrgang 1921,
Irmengard Kunst, Chemotechnikerin,
Jahrgang 1922

Einmal habe ich mir am Haidplatz, da war eine Bäckerei, von meinem Lehrgeld einen Wecken Brot gekauft. Der Wecken Brot war so lang, hat 40 Pfennig gekostet, weiß ich noch, und da habe ich so eine Freude gehabt. Und dann komme ich ins Lehrlingsheim von Messerschmitt zurück, und das schmeckt mir nicht! Dann habe ich ein Stück mit nach Hause genommen, sagt die Mutter: »Das kann dir ja nicht schmecken, die haben das Salz vergessen.« Ich kaufe

das erste Mal Brot! Brot ohne Salz ist fürchterlich, und ich habe schon immer gern ein frisches Brot gegessen, und dann kaufe ich es, und es ist ohne Salz, ich hab' es gar nicht verstehen können. Ist auch vorgekommen, das war '43.
German Riedl, Rundfunkmechanikermeister,
Jahrgang 1928

In Stadtamhof an der Hauptstraße war das Kaufhaus Weigert, da bin ich oft vorbeigekommen. Einmal habe ich in der Auslage so einen Hampelmann gesehen. Jetzt habe ich aber kein Geld dabei gehabt, sage ich zu der Verkäuferin: »Was kostet denn der Hampelmann?« Der Weigert selber ist hinter mir gestanden und hat gesagt: »Brauchst du das für deinen Buben?« Sage ich: »Ja.« – »Nimm's nur mit, bringst mir das Geld morgen, ich kenne dich doch.« Wenn ich in Rheinhausen vorbeigegangen bin an den Geschäften und habe da was

Schönes stehen sehen, und ich habe ja nie viel Geld in der Tasche gehabt oder gar keines, dann bin ich einfach reingegangen, die haben mich ja alle gekannt, haben gesagt: »Nimm's nur mit, das wissen wir schon, daß wir das Geld wieder kriegen.« Das war alles ein dörflicher Charakter.

Reinhold Heigl, Gemeindeschreiber, Jahrgang 1926

Das Essen im Internat in Niedermünster war schon gut. Wenn es nicht Fisch gegeben hat. Hering haben bloß die nicht essen brauchen, die eine Blinddarmoperation mitgemacht haben. Zu Hause hat es unter der Woche meistens Mehlspeisen gegeben. Pfannkuchen, Reisauflauf und Reisbrei. Reiberdatschi hab ich auch recht gern gehabt, Kaiserschmarrn nicht, aber rohe Kartoffeln in der Rein ausgebraten. Und alle Freitag fast hat es Rohrnudeln gegeben mit Powidl. Bloß am Samstag, da hat es gekochtes Rindfleisch in der Nudelsuppe gegeben, aber weil von den Boandln noch Reste in der Suppe waren, habe ich schon gleich einen Bogen drum gemacht. Am Sonntag hat es Schweineknödel mit Kracherl gegeben, das ist die Kruste. Und im Sommer hat es Kotelett gegeben und Salat dazu, im Winter Reiberknödeln und Sauerkraut. Zum Frühstück hat es ein Butterbrot gegeben und Malzkaffee, der ist bei uns gemischt worden. Die Mutter hat so einen Meßbecher gehabt, Bohnenkaffee ein Drittel und Malzkaffee zwei Drittel, und zum Schluß ist in das heiße Wasser Imperial-Feigenkaffee reingekommen. In Stadtamhof war der Edelmeyer, das war ein ganz kleiner Laden, da haben wir das Brot eingekauft. Und wo jetzt das Stadtamhof-Denkmal ist, haben die

Marktweiber Gemüse und Obst verkauft. Und beim Renner an der Steinernen Brücke hat es Obst gegeben. Der Staudeckel war noch da, das war ein Konditor. Und eine Metzgerei, das war der Schößl, da haben wir auch ab und zu eingekauft. Und der Semmler hat Käse gehabt.

Betta Krön, Finanzbuchhalterin, Jahrgang 1922

Wenn mein Vater ein Bier wollte, bin ich in den »Thomaskeller« am Römling. Da war so eine Luke, da hat man geklingelt, wenn keiner da war, und da habe ich meinen Krug von daheim mitgebracht gehabt, und da ist das Bier eingefüllt worden. Die Milch habe ich am Römling im Milchgeschäft gekauft. Irgendwann hat es mal 32 Pfennig gekostet, das war dann schon viel eigentlich, für einen Liter Milch. Die hat man mit der Kanne geholt, und die mußte dann sofort abgekocht werden. Die vielen Käsesorten hat es nicht gegeben, man hat halt einen Quark gekriegt oder Butter, die ist abgemacht worden am Stück.

Eva Watter, Hauswirtschaftsleiterin, Jahrgang 1939

Alltag unterm Hakenkreuz

Die Zeit des Nationalsozialismus und des Zweiten Weltkriegs ist den meisten Befragten sehr drastisch in Erinnerung, denn sie waren zu Kriegsbeginn Kinder oder junge Erwachsene. Ihre Erzählungen handeln von Fliegeralarm und Luftangriffen, Bespitzelung und Verfolgung, Antisemitismus und Zwangsarbeit, Lebensmittelrationierung und harter Arbeit. In vielen Familien nahm die Mutter eine zentrale Rolle ein, da der Vater an der Front war und sie sich allein einem Alltag mit Arbeit, Haushalt, Kindererziehung, Sorge um den Mann an der Front und Organisation von Lebensmitteln ausgesetzt sah. Das Gefühl der Angst, welches das Leben unter dem Nationalsozialismus begleitete, scheint heute noch in manchen Geschichten durch.

Annemarie Kerschensteiner mit ihren Eltern und dem Bruder, 1942.

Als das Dritte Reich begann, habe ich mit meinen jungen Leuten von der Falkenbewegung Widerstand geleistet, und das ist uns fast ein Dreivierteljahr gelungen. Wir haben aus der Tschechoslowakei den neuen »Vorwärts« zu Hunderten geschmuggelt über die Grenze, haben ihn mit dem Fahrrad in Furth im Wald, in Waldmünchen, in Flossenbürg abgeholt und auf der Strecke in Schwandorf was abgegeben, weitergeleitet nach Nürnberg und dann hier nach Regensburg. Ich war immer sieben, acht Stunden unterwegs. Allen Tarnversuchen zum Trotz ist uns dann die Gestapo doch draufgekommen, so daß wir dann 1934/35 verhaftet worden sind, meine Frau und mein Schwiegervater, meine Schwiegermutter und ein Bruder von mir. Ich bin 1939 nach Hause gekommen, da gab es noch viele Freunde, aber viele sind verschwunden, wenn ich daher gekommen bin, vor lauter Angst, daß sie gesehen werden mit mir.
Hans Weber, Elektriker und Bürgermeister a.D.,
Jahrgang 1912

Ich bin 1934 in das heutige Goethe-Gymnasium, damals hieß es Oberrealschule, eingerückt, und da haben sich schon die Machtergreifung und die Machtübernahme durch Hitler recht bemerkbar gemacht. Es gab eine limitierte Zahl von jüdischen Schülern, die an den Oberrealschulen sein durften, wir waren gerade einmal drei in der Klasse, das war die 1c. A war katholisch, b war protestantisch, und c war alles andere. Und mir ging es eigentlich nicht schlecht, also trotz diesem nazistischen Umfeld. Ich war kein besonders fleißiger Schüler und kein besonders braver

Schüler und habe ab und zu einen Verweis bekommen. Und meine Mutter hat immer gezittert und gesagt: »Wenn du nochmal einen kriegst, dann schmeißen die dich raus, als Judenbub kommst du dann nirgends mehr in eine höhere Schule.«
Juan Rosengold, Kaufmann,
Jahrgang 1923

Die Juden haben was zu essen gebraucht, die haben ja nichts gehabt, aber ab ʼ36 haben sich dann auch meine Eltern nicht mehr getraut, dort hinzufahren und Gemüse oder Kartoffeln abzuladen in der Stadt. Dann haben wir es heimlich, still und leise gemacht; eine unverheiratete Tante von mir hat dann das Zeug hingetragen, und meine Schwester, das war damals noch ein Mädel, weil bei so einem kleinen Mädel, wenn die eine Tasche mit Zeug drin hat, hat sich ja niemand was gedacht. Die Leute wären buchstäblich verhungert, da haben sie ihnen was zugesteckt.
Hans Renner, Landwirt,
Jahrgang 1935

1936 bin ich eingezogen worden zur Wehrmacht, Infanterieregiment 20. Wir waren die ersten, der Jahrgang ʼ15, der die zweijährige Wehrdienstpflicht machen mußte. Ich war zweiter Maschinengewehrschütze. Damals ist auf den Feldern vor der Zuckerfabrik der Rübenschlamm rausgekommen, der hat so gestunken. Und wenn wir da hingerutscht sind, ist unsere Uniform voller Dreck gewesen damals, und dann hat das nach diesem Rübenschlamm gestunken.
Michael Stöberl, Buchhalter,
Jahrgang 1915

1935 durften in Israel nur Juden einwandern, die eine landwirtschaftliche Berufsausbildung hatten, und mein Vater hat mehrere Juden am Hof aufgenommen, hat gesagt: »Da geht's her, ihr kriegt eine Berufsausbildung.« In Kriegszeiten haben sie uns 30 Serben zum Arbeiten zugeteilt. Der Ortsgruppenleiter von der NSDAP in Lappersdorf hat eines Tages unsern Opa herzitiert, dann hat er gesagt, ihm ist zu Ohren gekommen, daß die Familie Renner mit diesen Ausländern an einem Tisch sitzt und ißt. Und was ihm denn eigentlich einfällt, daß er sowas macht. Da hat der Opa gesagt: »Die Serben sind auch Menschen wie wir.« »Was?«, hat der gesagt, »Viech ist auch nicht Viech, ein Ratz ist auch ein Viech, aber erschlagen darf man ihn.« Die Serben haben bei uns gewohnt bis nach dem Krieg. '45 sind so Horden über das Land gezogen, die die Bauernhöfe ausgeraubt haben. Wenn so eine Horde gekommen ist, haben sich die Serben mit Mistgabeln bewaffnet. Wie schnell die wieder umgedreht sind und weg waren!
Hans Renner, Landwirt,
Jahrgang 1935

Wenn Reif oder Schnee war, waren um das Haus herum jede Nacht frische Spuren, ob wir schwarzhören, und einmal war weder Schnee noch Reif, und meine Mutter wollte es genau wissen, und da hat sie Mehl gestreut um das Haus herum an bestimmten Stellen, und auch da hat man dann die Fußspuren gesehen. Ein paar von der Straße sind nach Dachau gekommen wegen Schwarzhören, das war ganz schlimm.
Annemarie Filzmann-Kerschensteiner,
Wachsbildnerin,
Jahrgang 1935

Und dann die Kristallnacht. Vorne beim Lehmann, wo jetzt der Menzl ist, die haben eine große Likör- und Weinhandlung gehabt in der Ludwigstraße, da sind dann die ganzen Fenster eingeschlagen worden. Und dann haben sie sämtliche Fässer im Keller aufgemacht, entkorkt, der ganze Alkohol hat sich entleert, die Flaschen zerschlagen. Und dann haben sie die Juden in einem Zug durch die Stadt getrieben. Wir haben einen Gehilfen gehabt, der war bei der SA, und der war auch dabei. Weil meine Mutter hat dann mit ihm gesprochen: »Das ist doch nicht recht, was ihr da macht.« »Frau«, hat er gesagt, »das verstehen Sie nicht.«
Elisabeth Allkofer, Fachlehrerin,
Jahrgang 1926

Wie dann der Vati in den Polen-Feldzug mußte, sind wir oben an der Bahnschranke in Prüfening gestanden, und er hat uns noch aus dem Zug rausgewunken. Die Mutti hat uns links und rechts gehabt und geweint. Dann hat die Mama jeden Tag fieberhaft den Postboten erwartet, wegen Feldpost. Wenn die Mama gelacht hat, dann war alles gut.
Annemarie Filzmann-Kerschensteiner,
Wachsbildnerin,
Jahrgang 1935

Wir sind im November 1939 in Buenos Aires angekommen. Die Reisegruppe bestand aus meiner Mutter, einem Vetter von mir und dem Großpapa mütterlicherseits. Die Tragik ist, daß mein leiblicher Vater Adolf Niedermaier in Regensburg geblieben ist und 1942, im Februar, nach Osten, Piaski, das ist eines der Außenlager von Auschwitz, deportiert wurde und nicht zurückkam. Überhaupt, von den circa 200 Regensburgern, die in den Vernichtungslagern waren, ist nicht ein einziger zurückgekehrt, hat keiner überlebt. Dagegen hat es zum Ende des Krieges noch einmal eine Deportation gegeben von Mischehen, oder besser gesagt, vom jüdischen Teil einer Mischehe. Die Mischehen hatten bis dahin so einen besonderen Status. Die sind nach Theresienstadt deportiert worden, Februar oder März '45, und die kamen alle zurück, Gott sei Dank. Die jüdische Gemeinde zählte zu Beginn des Dritten Reiches ungefähr 480 Seelen, gut die Hälfte konnte emigrieren, die andere Hälfte ist umgekommen.

Juan Rosengold, Kaufmann,
Jahrgang 1923

Annemarie Kerschensteiners Vater Anfang der 1940er Jahre in der Wehrmachtskommandantur, die im fürstlichen Schloß am Emmeramsplatz untergebracht war.

Messerschmitt war der erste Tagesangriff auf Deutschland, die Städte sind bis dahin nur in der Nacht bombardiert worden. Mein Vater war in der Kommandantur, wir waren von der Schule zu Hause. Die Mutti war wahnsinnig unruhig, und zu unserem Dienstmädel hat sie gesagt: »Wasser auffüllen, dann die Tücher herrichten, Gasmasken«, und dann hat sie meinen Vater angerufen, er soll doch bitte kommen. Hat er gesagt: »Ich kann nicht, ich habe eine Besprechung.« Dann hat sie nochmal angerufen: »Franz, bitte komm heim, heute passiert was Fürchterliches.« Dann hat er gesagt: »Was soll denn heute passieren?«, das war ein wunderschöner Tag, dann ist er doch gekommen. Und wir stehen auf dem Balkon, da war alles noch frei, das ganze Naabtal, und wir sehen sie in wunderschöner Formation herfliegen ohne Alarm, und auf einmal schreit mein Vater: »Das sind ja die Amerikaner«, und da haben sie schon die Bomben ausgeklinkt. Ich werde das Bild nie vergessen, wie sie angeflogen sind, nach hinten waren sie spitz, vorne waren sie breit, und ich sehe noch, wie die Bomben fallen. Dann ist es schon losgegangen, das Inferno. Wie wir in den Keller runtergekommen sind, weiß ich nicht mehr. Vorher hat die Sonne geschienen, es war ein wunderschöner Tag, und wie wir rausgekommen sind, war es durch die Rauchentwicklung kohlschwarz, fast Nacht, bloß der Feuerschein und die schwarzen Rauchwolken.

Annemarie Filzmann-Kerschensteiner,
Wachsbildnerin,
Jahrgang 1935

Bei Messerschmitt, das war eine sehr strenge Zeit mit 74 Wochenstunden als

Sechzehnjähriger. Während der Freizeit hat es geheißen: Geländedienst, weltanschauliche Schulung. Wir haben nichts anderes gekannt als wie »Der Deutsche ist der Beste«, sonst haben sie uns nichts anderes gesagt. Da ist es angegangen in der Früh um halb sechs mit einem Pfeiferl, Bettenbau, dann raus, blanker Oberkörper, ob Winter oder Sommer, ein paar Bahnen laufen, dann Waschen, dann Fahnenhissen, dann kommt der Spruch des Tages: »Wer nicht arbeiten will, soll nicht essen« oder »Der Bolschewismus ist unser Untergang«, dann Frühstück, schwarzer Kaffee und ein Stück Brot. Um Punkt sieben Uhr ist zur Werkstätte marschiert worden, dann ist es angegangen bis Mittag.
German Riedl, Rundfunkmechanikermeister,
Jahrgang 1928

»Messerschmitt Me 109 über Regensburg«: Ein Werksfoto der Messerschmitt-Flugzeugwerke, Anfang der 1940er Jahre.

Bevor wir von Regensburg wegmußten, war die Bombardierung von den Messerschmitt-Werken. Da sind wir mit meiner Mutter hin. Ich kann mich an den Brand, die vielen Flammen und Feuer und Rauch noch erinnern. Mein Vater war zu der Zeit in den Messerschmitt-Werken tätig, und da waren fast alle von seinen Lehrlingen tot. Er hat damals ein junges Mädchen rausgezogen, die war 17 oder 18 Jahre alt, und hat ihr sozusagen das Leben gerettet.
Eva Watter, Hauswirtschaftsleiterin,
Jahrgang 1939

Die Zwangsarbeiter waren in Baracken untergebracht in der Prüfeninger Straße. Die waren draußen gestanden vor dem Laden und haben immer so links und rechts geschaut, ob niemand herinnen ist, und dann sind sie schnell rein, und dann hat jeder ein Stück Schwarzbrot gekriegt. Und das muß jemand beobachtet haben, hat unsere Mutter bei der Polizei damals hingehängt, und dann hat es geheißen, wir sind beobachtet worden, das ist doch verboten, sie wird verhaftet. Dann hat die Mama gesagt: »Jawoll, ich habe das goldene Mutterkreuz, wenn ihr eine Mutter mit 16 Kindern verhaften wollt, dann macht es.« Und dann sind sie gegangen.
Erna Kölbl, Hausfrau,
Jahrgang 1916

Der Hitler war auch mal in Regensburg, im Rathaus, und da ist ein Kronleuchter vom Rathaussaal neben dem Hitler

runtergefallen, zufällig, das war keine Sabotage. Das ist ganz knapp ausgegangen, daß er nicht tot war. Aber ich habe ihn nicht erlebt in Regensburg. Aber der Luftmarschall, Hermann Göring, hat die Messerschmitt-Werke besucht, 1943 im Mai oder Juni. Da haben wir schon davor exerzieren müssen, daß die Reih- und Gliedausrichtung funktioniert, und dann ist er durch die Reihen, durch die Lehrlinge. Dem Kleinsten hat er auf die Schultern geklopft, hat gesagt, er muß mehr Knödel essen.
German Riedl, Rundfunkmechaniker-meister,
Jahrgang 1928

Als ich ein Kind war, war der Adolf Hitler in Regensburg, da war ich sechs oder acht Jahre alt. Und mein Vati war dabei, die sind über die Steinerne Brücke und dann die Goliathstraße hoch bis zum Kornmarkt, oder vielleicht war es auch der Dachauer Platz, da war eine Versammlung. Das hat mich sehr beeindruckt als Kind, da zuzuschauen. Alles war voll mit Lichtern, so ein Fackelzug, und alle haben gerufen: »Deutschland, Deutschland über alles«. Der Hitler war dann auch im Schützenheim bei uns in Prüfening. Auf dem Weg waren überall so rote Lichter, diese Grablichter. Und wir Kinder haben Blumen gestreut. Als Kinder haben wir ja gar nicht verstanden, was das eigentlich heißt, wir waren halt stolz, weil unser Vati dabei war.
Annemarie Filzmann-Kerschensteiner,
Wachsbildnerin,
Jahrgang 1935

Lehrlinge der Messerschmitt-Flugzeugwerke bei einer internen Versammlung. Das Foto wurde vom Betriebsfotografen Anfang der 1940er Jahre gemacht.

Die Sportanlage der Messerschmitt-Flugzeugwerke, Anfang der1940er Jahre. Mit seiner Sportanlage und seinem Schwimmbad zog das Werk damals viele Lehrlinge an.

Der erste Angriff auf Messerschmitt war am 17. August 1943 um 12.50 Uhr, da sind alle Uhren stehengeblieben. Das war ein herrlicher Tag, heiß, und dann wollten wir nicht in den Keller, weil wir haben ja diese kleinen Keller zugeteilt bekommen. Da haben wir schon gesehen, wie die Alarmstaffel aufstieg. Ich bin dann nicht in den einen Keller gegangen durch Zufall, bin davon gekommen an diesem Tag. Da hat's in meiner Abteilung, wir waren 30, von diesen 30 leben vielleicht noch zwölf, die anderen sind tot. An der Werkbank und bei der Fahnenhissung waren sie alle noch da, und nachher waren sie verstümmelt oder tot, das war furchtbar. Dann habe ich meinen Vater mobil gemacht, habe gesagt: »Sag denen, daß ich der einzige Sohn bin und das Geschäft weitergehen muß.« Er soll schauen, daß ich weg kann. Dann haben wir ein Gesuch gemacht, dann ist ein Schreiben gekommen, wir haben einen Vertrag, der kann nur beiderseitig aufgelöst werden, und sie sind nicht einverstanden, somit geht's weiter.
German Riedl, Rundfunkmechaniker-meister,
Jahrgang 1928

Für Textilien haben wir Kleiderkarten gehabt mit 100 Punkten, da hat es dann für ein Hemd soviel Punkte und für einen Anzug oder eine Hose soviel Punkte, der Mantel, den hat man extra, weil da hätte man die ganze Karte hergeben müssen, und da ist man dann aufs Wirtschaftsamt gegangen und hat mit denen eine Debatte geführt, daß man unbedingt einen Mantel braucht, dann hat man einen Bezugsschein gekriegt. Der Vater hat für viele aus dem Landkreis Schuhe gemacht. Wenn die von Weiden in die Stadt reingekommen sind, haben die Schuhe mitgebracht und ein Stückl G'selchtes oder ein Fleisch oder – wenn sie geschlachtet haben – Bratwürste, und da ist es uns nicht schlecht gegangen.

Reinhold Heigl, Gemeindeschreiber, Jahrgang 1926

Wenn wir von Messerschmitt Ausgang gehabt haben und die Mädchen von Regensburg angelacht haben, das haben die Regensburger nicht gern gehabt, dann hat es oft Kämpfe gegeben. Die Uniform war ein Gürtel mit einer Überfallhose, so eine fliegerblaue, und dann ging der Schulterriemen so diagonal. Und wenn der abgeschnallt war und wir den in der Hand gehabt haben, das war eine Kampfansage.

German Riedl, Rundfunkmechanikermeister, Jahrgang 1928

Vor dem Kriegsende kriege ich plötzlich Scharlach. Ärzte waren da, Penicillin hat es auch schon gegeben, aber das haben nur die Amerikaner gehabt. Dann hat unser Hausarzt gesagt: »Sofort ins Krankenhaus.« Und meine Mutter packt mich auf den Rücken, ich war damals doch schon zehn Jahre alt, und vor lauter Schwäche fällt sie um, ins Fenster rein und schneidet sich den ganzen Arm durch, der ist aufgeklafft bis zum Knochen. Dann hat sie schnell ein Bettuch zerrissen, hat das bandagiert und mich mit diesem Arm in der Kinderklinik in der Hemauer Straße abgeliefert. Dann hat die Schwester gesagt: »Jetzt kommt schon wieder so ein Scharlachkind, die sterben uns ja weg wie die Fliegen.« Das war der Empfang. Es gab ja nichts.

Annemarie Filzmann-Kerschensteiner, Wachsbildnerin, Jahrgang 1935

Das Werksbad der Messerschmitt-Flugzeugwerke, Anfang der 1940er Jahre.

Der Krieg, oh, mein Gott, ich habe in der Früh manchmal nicht gewußt, komme ich noch lebend heim oder nicht. Ich habe in der Schottenhofergasse gearbeitet, das ist eine Seitengasse von der Ostengasse, und da an der Donau drunten, da waren noch Waggons, also wenn die Sirenen geheult haben, dann habe ich gleich geschaut, daß ich mit dem Radl heimgekommen bin. Auf der Steinernen Brücke, die Lastwagen, die waren voll, die Leute sind direkt aufgekraxelt. Einmal bin ich noch in der Lappersdorfer Straße gefahren, sind die feindlichen Flieger schon dahergekommen, habe ich mir gedacht: »Nein, du mußt heimkommen«, und ich habe so eine Gewißheit, daheim wenn ich bin, passiert mir nichts. Im Haus, wo wir unser Büro gehabt haben, war nicht so ein richtiger Luftschutzkeller, gegenüber vom »Brandl-Bräu« haben wir dann runter müssen. Wolldecken haben wir mitnehmen müssen, und wenn ein Angriff war, haben wir uns im Keller hinlegen müssen am Boden, aber das ist mir so auf die Nerven gegangen, die Leute, wenn die Bomben nachher geschmissen wurden. Ich bin ja schwerhörig, ich habe das nicht so mitgekriegt, gespürt habe ich es doch, wenn die Leute nachher so gejammert haben: »Oh, oh.« Das war greislich.
Betta Krön, Finanzbuchhalterin, Jahrgang 1922

German Riedl mit einem Freund im September 1943 nach dem Angriff auf die Messerschmitt-Werke.

ist in die Keller gestürzt. Es war grauenhaft, auf der Straße sind sie gelegen. Und am anderen Tag sind dann die gefangenen Russen gekommen und haben mit so Schäferkarren die Leichen eingesammelt, die Fremdarbeiter.
Annemarie Filzmann-Kerschensteiner, Wachsbildnerin, Jahrgang 1935

Bei dem Angriff auf Messerschmitt gab es 200 Tote, die eine Hälfte war in den Kellern, das waren die Jugendlichen, und die anderen sind über das Feld geflüchtet, und da war dann ein Bombenteppich, wo jetzt die Killermannstraße ist, lauter zerfetzte Leichen, und wer da die Straße noch erreicht hat, der

Nebenan haben Juden gewohnt, und die haben auch eingekauft bei uns. Wir haben immer mit den Kindern spielen können, da hat's immer feine Nachspeise gegeben. Die haben gut gekocht, und da sind wir immer gern rübergegangen. Die waren wirklich ganz reizend zu uns. Aber die sind dann alle

umgekommen im Lager. Die sind auf einmal nicht mehr dagewesen.
Maria Allkofer, Köchin,
Jahrgang 1915,
Erna Kölbl, Hausfrau,
Jahrgang 1916

Schlimm war, wenn die Mitteilung gekommen ist, daß ein Mann oder ein Sohn gefallen ist, weil die Fliegerangriffe waren ja bei uns in Regensburg lange Zeit überhaupt nicht, das war ja erst mit Kriegsende in der Regel. Aber es ist halt so, daß fast jede Familie einen oder mehrere im Krieg gehabt hat. Unsere Mutter hat da Tag und Nacht gebetet, aber es ist halt manches unabwendbar, da hilft gar nichts. Meine Leute haben nie geschimpft, die haben den Ersten Weltkrieg mitgemacht, da ist der Vater allerdings gesund heimgekommen, und im Zweiten haben wir eben unseren Albert verloren.
Reinhold Heigl, Gemeindeschreiber,
Jahrgang 1926

Für die Bäckerei haben wir sehr viel Kohle gebraucht. Da waren die Fremdarbeiter, gefangene Russen meistens, in den Kohlenhandlungen eingesetzt. Die haben immer was zu essen gekriegt bei uns. Wie meine Mutter das gemacht hat, ist mir heute noch ein Rätsel, denn da war ja ein Posten dabei, ein deutscher Soldat mit Gewehr.
Elisabeth Allkofer, Fachlehrerin,
Jahrgang 1926

Wo heute der Donaumarkt ist, war die »Jugo-Halle«. Da waren Kräne gestanden, die haben die Schifferl leergemacht und haben das Zeug in der »Jugo-Halle« gelagert, was von Jugoslawien gekommen ist, und von dort haben sie es weiter verteilt. Die ist im Krieg dann in Flammen aufgegangen und hat wochenlang gebrannt, das Zeug da drin, das hat man auch gar nicht gelöscht, sondern brennen lassen.
Hans Renner, Landwirt,
Jahrgang 1935

Wie wir das zweite Mal ausgebombt waren, hat uns der Fürst im Schloß die Wohnung seines Onkels zur Verfügung gestellt, und wir durften mit in den Keller der Kommandantur runter. Bei uns ging immer das Telefon, denn mein Vater bekam ja alles mit, wenn die Bomber Deutschland erreicht haben. Man wußte ja nicht, wohin sie abdrehen, aber da war so eine große Tafel unten, und da hat man immer gesteckt, welche Richtung sie nehmen. Wenn sie Nürnberg angeflogen haben, das war immer gefährlich für uns. Wir haben immer schon so eine Liste gehabt, wo wir angerufen haben: »Heute nacht überfliegen uns die Bomber.«
Annemarie Filzmann-Kerschensteiner,
Wachsbildnerin,
Jahrgang 1935

Wir mußten in der Bäckerei immer die kleinen Marken aufkleben, und das war unheimlich viel Arbeit. Und dann hat es Fliegeralarm gegeben, wir haben allerweil noch geklebt, ich habe keine Angst gehabt vorm Bombardieren, weil erst, wenn es losgegangen ist, »Angriff auf Regensburg«, dann hat man runter müssen. Dann ist da nebendran bei der Kreuzschule bombardiert worden. Meine Schwester, die hat soviel Angst gehabt, die hat immer gesagt: »Ich gehe

Reichsfettkarte für Kinder von 6-14 Jahren, 1940.

unter deinen Rock rein.« Wir haben im Priesterseminar eine Lieferung gehabt, die hatten einen guten Keller, dann haben wir gesagt, da kann sie raufgehen, wenn Alarm ist. Und dann, bei uns hat's nichts gemacht, und da ist dann eine Bombe eingeschlagen. Aber sie war nicht droben.
Erna Kölbl, Hausfrau,
Jahrgang 1916

Wie die ersten Bomben damals auf die Messerschmitt-Werke gefallen sind, das war ein klarer Sommertag damals, da haben wir Buben in Rehtal zugeschaut, wie die da oben die Bomben raus haben. Einmal sind wir auch draußen gewesen, dann ist ein Tiefflieger vorbeigeflogen, hat dann auf uns, wie wir über den Hof gelaufen sind, mit seinem Maschinengewehr da unten entlang. Patsch, patsch, patsch, patsch hat es gemacht, haben die Kugeln an der Scheunenwand eingeschlagen, sind wir natürlich schon gerannt. Oder wenn wir draußen am Feld waren, da gab es bloß eins, weil ja die Tiefflieger auch da waren bei uns, daß man möglichst schnell versucht hat, vom Feld wegzukommen.
Hans Renner, Landwirt,
Jahrgang 1935

Zur Hedwigsklinik hab ich Brot raustragen müssen, das war offen in einem Netz drinnen. Und da sind die vom KZ mit Soldaten gekommen, die haben

mich gesehen und haben immer so geschaut. Dann ist der von der SS schon dort gestanden, hat ihm wieder einen Ruck gegeben, daß er nicht herschaut. Ich hätte ihm so gern eine Semmel gegeben. Da habe ich gesagt: »Da gehe ich jetzt nicht mehr, ich gehe eine andere Richtung, damit ich denen nicht begegne.«
Maria Allkofer, Köchin,
Jahrgang 1915

Meine Mutter hat meine beiden Schwestern zum Betteln von Brotmarken geschickt, damit sie ihrem Buben, ich war ihr Lieblingskind, zusätzlich Brot geben konnte. In der Kriegszeit war der Vater weg, der war in Jugoslawien, als »feldgrauer Eisenbahner« hieß das, und blieb dann in englischer Gefangenschaft. Und die ganze Zeit mußte meine Mutter allein für drei Kinder sorgen. Meine beiden Schwestern haben jeden Landser, der nach Hause kam, gefragt: »Kennen Sie meinen Vater?« Meine ältere Schwester fand dann wieder einmal so einen Landser, dann hat sie ihn gefragt, und dann war es ihr eigener Vater.
Adolf Eichenseer, Bezirksheimatpfleger
a.D.,
Jahrgang 1934

Als der Domprediger Maier hingerichtet werden sollte, sind die Klosterschwestern zu uns gekommen und haben gesagt: »Mein Gott, Frau Allkofer, schauen Sie doch, am Moltkeplatz wird der Dr. Maier aufgehängt.« Die Mutter und ich sind dann vor, und dann ist die Feuerwehr dagewesen und hat mit dem Wasser uns abgespritzt, daß wir wieder heimgehen haben müssen, haben wir

nicht hin dürfen. Den haben sie öffentlich aufgehängt am Platz, weil der sich eingesetzt hat. Furchtbar.
Erna Kölbl, Hausfrau,
Jahrgang 1916

Zwei Tage, bevor der Krieg aus war, sind die Amerikaner aufgetreten und haben die Winzerer Höhen besetzt. Da sind die Fußsoldaten da oben über die Felder gelaufen in Reih und Glied, im Gänsemarsch sind sie da vormarschiert. Wir Buben haben das angeschaut, und vor allem, wie die amerikanischen Panzer zu uns auf den Hof reingefahren sind, das war für uns das Höchste. Da haben wir dann obendrauf gedurft, haben in den Panzer reinschauen dürfen. Und dann haben die Schokolade und Orangen und Bananen ausgeteilt, das war für uns etwas, Schokolade kannten wir ja nicht.
Hans Renner, Landwirt,
Jahrgang 1935

In der Küche haben wir alle geschlafen, weil wir nicht gewußt haben, was los ist: Werden wir bombardiert? Wir waren ja frei, um acht Uhr ist es dann erst bekannt geworden in der Früh. Ist ein Auto durchgefahren, daß wir nicht verteidigt werden, dann hat es die Bevölkerung gewußt. Natürlich ist da alles ein Tohuwabohu gewesen, überall ringsherum sind die Geschäfte eingeschlagen worden und haben sie geplündert. Bei uns ist nichts geplündert worden. Weil wir den Zwangsarbeitern immer ein Brot gegeben haben und unsere Arbeiter gut behandelt haben, ist uns das vielleicht zugute gekommen.
Erna Kölbl, Hausfrau,
Jahrgang 1916

Kriegsende und Besatzungszeit

Mit der unmittelbaren Nachkriegszeit assoziieren die meisten Befragten sofort den Alltag unter amerikanischer Besatzung. Vor allem die farbigen US-Soldaten sorgten in Regensburg für Aufsehen und verstärkten das Gefühl der Fremdheit gegenüber den Besatzern. Gleichzeitig standen die GIs für Schokolade und Bananen, Zigaretten und Corned beef – Luxusprodukte für eine Bevölkerung, die mit dem Hunger zu kämpfen hatte, stundenlang um Lebensmittel anstand und für Hamstertouren aufs Land fuhr. Viele Familien mußten sich erst mühsam wieder eine Existenz aufbauen. Kinderspiele fanden in Ruinen statt. Väter kamen aus der Gefangenschaft nach Hause. Nur langsam begann sich der Alltag wieder zu normalisieren.

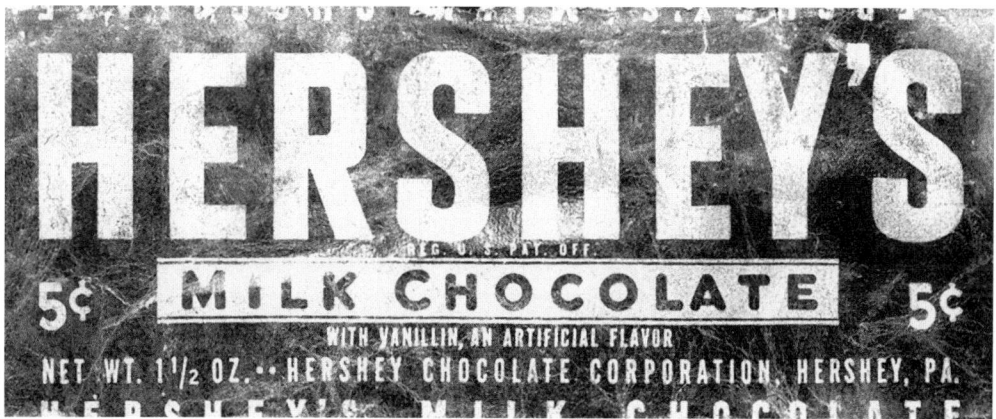

Eine Verpackung der amerikanischen Hershey-Schokolade, die von den Besatzungssoldaten verteilt wurde und bei den Kindern heiß begehrt war.

Der Vater ist gleich am Anfang vom Krieg einberufen worden und ist kurz vor Ende '44 in Rußland gefallen. Die Mutter hat immer genäht oder für andere Familien geflickt und alles mögliche auf der Nähmaschine, und wenn sie dann wieder etwas fertig gehabt hat, dann habe ich das wieder dahin genommen, und dann habe ich 2, 3 Mark gekriegt dafür. Die Mutter war ganz fröhlich und hat nur geschaut, daß es uns gutgeht.
Herta Wittmann, Verkäuferin,
Jahrgang 1941

Das Kriegsende haben wir in Hohenfels erlebt. Mein Großvater sagte: »Sagt ja nicht Adolf zu dem Buben, sonst könnte ihm was passieren.« Dann haben sie mich Hans genannt, damit die Amerikaner nicht Adolf hören. Irgendwann hörte ich, daß Väter für ihre Buben, die sie Adolf nannten, eine Prämie bekamen im Dritten Reich. Daraufhin stellte ich meinen Vater zur Rede, und er sagte, er hat nie was gesehen von einer Prämie.
Adolf Eichenseer, Bezirksheimatpfleger a.D.,
Jahrgang 1934

In der Albertstraße waren Bombenschäden. Unser Haus, die Hausnummer 7, war zerstört, das ist dann wieder hergerichtet worden. Wo jetzt die Bundesbahndirektion steht, war lange Jahre

Lebensmittelkarte für Jugendliche von 10-20 Jahren, 1948.

eine Ruine, das war ein idealer Abenteuerspielplatz für Kinder. Wir sind da immer mit Grauen in die Keller eingestiegen und haben erwartet, irgendwas Tolles zu finden, Waffen oder was Aufregendes, und sind da immer trotz aller Verbote reingeschlichen.
Werner Graggo, Luft- und Raumfahrtingenieur,
Jahrgang 1942

Meine Mutter, wie sie um Brot angestanden ist, weil sie eine Offiziersgattin war, ist sie aus der Schlange gestoßen worden: »Offiziershure«. Und wenn sie nicht alle goldenen Ringe, die sie noch gehabt hatte, vom Finger gezogen hätte, hätte sie damals auch gar kein Brot für uns gekriegt. Es war gar nichts mehr zum Essen da.
Annemarie Filzmann-Kerschensteiner,
Wachsbildnerin,
Jahrgang 1935

Die Frau Werner über uns hat nur ein kleines Zimmer gehabt, da sind die Amerikaner gekommen, und der hat dann ein Gewehr gehabt, ist rauf, hat gesagt: »Eine Stunde raus«, auf Deutsch. Und die war so aufgeregt, die hat ihr ganzes Englisch vergessen gehabt. »Please, please, nur ein Zimmer«, hat sie immer gesagt. Und wir mußten auch raus, und wir haben so ein Schubwagerl gehabt, vom Brotausfahren, da haben wir Milch und ein Geräuchertes und ein Brot und ein Bett rauf. Ich habe eine Freundin gehabt, der ihr Vater war im Schloß beschäftigt, dann haben wir gesagt: »Da können wir übernachten.« Dann sind wir bis zum Heißbäcker gekommen, dann hat die Mutter gesagt: »Vater, wir zwei kehren um, wir lassen

das Haus nicht allein.« Die Mama hat nicht Englisch gekonnt, aber sie hat gesagt, sie geht nicht mehr. Dann hat sie kochen müssen für die Amerikaner und alles vor ihnen probieren müssen, weil sie gemeint haben, es wäre ein Gift drin. Und wir waren zwei Tage im Schloß, dann haben wir wieder rausmüssen, dann sind wir zu den Englischen Fräulein, ins Institut. Und wie wir dort waren, sage ich zu meiner Freundin: »Mein Gott, nein, jetzt habe ich das Geräucherte und die Geldkassette im Schloß vergessen.« Die habe ich dort unter das Bett gestellt gehabt. Dann sind wir mit ihr, die war recht hübsch, wieder hin, und die Amerikaner haben uns reingelassen. Das Fleisch war fort, aber die Kassette haben sie nicht gesehen, die war noch da.
Erna Kölbl, Hausfrau,
Jahrgang 1916

Draußen um das Gelände bei Messerschmitt, das war verbombt, und da waren diese Bunker noch, das war alles kaputt und zerstört. Und so Mauerreste, da sind sie immer rumgekrabbelt, die Kinder. Dann haben sie gesagt, sie gehen ins hintere Himalaja. Das war vielleicht schon ein bißchen gefährlich. Wir haben das gar nicht so mitgekriegt.
Gertraud Lutz, Kindergärtnerin,
Jahrgang 1921,
Irmengard Kunst, Chemotechnikerin,
Jahrgang 1922

Mein Vater hat sich aus der englischen Gefangenschaft selber entlassen mit einem gefälschten Stempel und ist mit dem Fahrrad aus Norddeutschland nach Hause nach Tiefenthal, das ist so ein winzig kleines Dorf, 20 Kilometer do-

nauabwärts bei Wörth. Da war ich mittlerweile mit meiner Mutter. Nachdem sie schöner schreiben und lesen konnte durch ihre Ausbildung, war sie dann dem Bürgermeister zugeteilt während des Krieges in Tiefenthal und mußte die Eingaben schreiben für die Ernte, daß die Männer zur Ernte freigestellt wurden. Nach Kriegsende haben die Amerikaner den Hof okkupiert. Da haben die Frauen nachts den Hof verlassen und sind zu den Nachbarn, die keine Einquartierungen hatten. Die Amis, die haben mich so vergöttert, ich sah aus wie eine Puppe mit Locken, und die haben mir Schokolade gegeben, das haben wir ja gar nicht gekannt. Und meine Mutter hat immer gedacht, die wollen mich vergiften, und hat die Kontakte unterbunden.
Edith Rölz, Finanzsachbearbeiterin,
Jahrgang 1942

Als mein Scharlach vorbei und ich wieder daheim war nach vier Wochen Krankenhaus, hatten wir nichts zu essen. Das war unmittelbar nach der Besetzung der Stadt durch die Amerikaner, es gab ein Ausgehverbot für die Bevölkerung. Nur die Landarbeiter durften aus der Stadt raus und mußten abends um zehn Uhr wieder zurück sein. Meine Mutter hat sich als Landarbeiterin verkleidet und ist jeden Tag 40 Kilometer weit gelaufen, um mir etwas zu essen zu besorgen. Das haben bestimmt viele Mütter gemacht, nur für ein paar Eier oder ein bisserl Butter. 14 Tage lang hat sie das gemacht und kam jeden Abend mit blutenden Füßen zurück.
Annemarie Filzmann-Kerschensteiner,
Wachsbildnerin,
Jahrgang 1935

Einmal wollte ich zu Weihnachten unbedingt einen Puppenwagen. Das war natürlich ein Problem, denn wo sollte die Mutter das Geld hernehmen, sie hat ja nur eine kleine Witwen- und Waisenrente gehabt. Und dann hat sie die letzten Stiefel vom Vater eingetauscht, dann habe ich einen Puppenwagen bekommen. Mit meinen Brüdern hat sie mehr Sorgen gehabt, die haben Fußball gespielt, und natürlich waren alle Augenblicke die Schuhe kaputt.
Herta Wittmann, Verkäuferin,
Jahrgang 1941

Die Nibelungenbrücke war früher die Adolf-Hitler-Brücke, so kenne ich es als Kind, der Adler steht heute noch dort, die haben die Nazis auch zerstört. An der Donau entlang waren bis Schwabelweis so Bombentrichter. Die waren lang erhalten, und man hat sie lange als Schuttgrube benutzt, jeder hat seinen Müll da reingeworfen.
Walter Erhard, Dreher und Betriebsratsvorsitzender,
Jahrgang 1945

Das Ostenviertel, wo heute die Bundeswehrkasernen sind, da waren die Amis drin. Und in der Otto-Hahn-Straße, da waren Wohnungen für die amerikanischen Familien, da ist man gleich vom Treppenhaus in die Wohnungen mit der Eßtheke – wer hat denn das gehabt, die offene Küche? Und oben die kleinen Zimmer, die waren für die Dienstmädchen. Wo wir in der Gumprechtstraße waren, da hat eine Frau gewohnt, die hat ein Verhältnis mit einem Amerikaner gehabt, und dann auch noch mit einem Schwarzen. Die Amis wollten das ja nicht, »Fraternisierung« hieß das da-

mals, da kam dann die Militärpolizei im offenen Jeep gefahren mit Gummiknüppeln, das war gefürchtet, und hat den abgeholt. Die Amis hatten ihre eigenen Geschäfte, ihre Kinder wurden mit eigenen Schulbussen transportiert, die hatten ihre eigenen Lehrer. Mit den Kindern hatten wir keinen Kontakt. In einem Ghetto haben die gelebt. Eine Schwester von meiner Oma ist ausgewandert nach Amerika, und von der haben wir CARE-Pakete bekommen nach dem Krieg. Ich habe eine Holzfällerjacke bekommen, damals hat jeder gesagt: »Die hat eine Amijacke an«, und dann richtige Mokassins. Aber das Wichtigste war Schokolade, richtige Schokolade, das andere war nur so sandiger Ersatz, was wir gehabt haben. Und Brausepulver und Corned beef in Dosen.
Edith Rölz, Finanzsachbearbeiterin,
Jahrgang 1942

Walter Erhards Mutter vor dem Reichsadler auf der Nibelungenbrücke, die während der NS-Zeit Adolf-Hitler-Brücke hieß. Der Adler befindet sich heute noch dort.

Meine Mutter hat Weingeist gekauft und wieder verkauft, das war Handelsware mehr oder minder. Weil der Schwarzmarkt, der hat schon eine Bedeutung gehabt, die Organisation hieß UNRRA. Das waren so ehemalige Kriegsgefangene, Litauer, die waren damals in der Wolfgangschule untergebracht, und da gab es einen schwunghaften Handel. Da hat ein Liter meinetwegen 1.000 Mark gekostet, und mit dem Weingeist konnte man dann wieder was anderes eintauschen.
Adolf Eichenseer, Bezirksheimatpfleger
a.D.,
Jahrgang 1934

Meine Schwiegermutter ist mal von München gekommen und hat in München irgendeinen Kinderwagen aufge-

trieben, weil ich habe '46 das zweite Kind bekommen, ich habe dann keinen Kinderwagen gehabt, man hat ja nichts gekriegt. Und da hat die einen mitgebracht, ist mit dem Zug gekommen, sehr umständlich, und dann mit der 1er in der Prüfeninger Straße ausgestiegen und mußte dann den Wagen bis zu uns rüberfahren. Das war so ein Feldweg, durch das Getreide, da war es naß und batzig, die ist fast versunken. Ich weiß nicht, was aus dem Wagen geworden ist, den habe ich dann wieder hergegeben. Das können sich junge Frauen jetzt überhaupt nicht mehr vorstellen, was das für ein Getue war.
Gertraud Lutz, Kindergärtnerin,
Jahrgang 1921

Nach dem Krieg hat es Rabattmarken gegeben, die hat man in den Lebens-

Antrag auf Erteilung eines Bezugscheines **I** für ein Paar Arbeitsschuhe / Gamaschen

Ich beantrage für mich — den — die .... Beruf: ....
(Vor- und Zuname, bei Frauen auch Mädchenname)   (Genaue Bezeichng. – B.schäft.-Art)

geboren am: .... in: .... wohnhaft in: ....
(Ort, Hausnummer, Gemeinde)

Von Industriearbeiter: Name des Betriebes ....

Von im Handwerk Beschäftigten: selbständig oder beschäftigt bei ....

die Ausstellung

eines Bezugscheines für 1 Paar		eines Bezugscheines für 1 Paar	
Arbeitsschuhe mit Ledersohlen . . . Größe		Gummiberufsstiefel . . . . . . Größe ....
Arbeitsschuhe mit Gummisohlen . . . Größe		Holzzweischnaller . . . . . Größe ....
Berufschuhe für Männer . . . . Größe		Holzgaloschen . . . . Größe ....
Berufschuhe für Frauen . . . . . Größe		Gamaschen . . . . Größe ....

Nichtzutreffendes ist zu durchstreichen!

Die vorgenannte Person hat folgenden **Gesamtschuhbestand** (einschl. d. bezugscheinfreien Schuhe; Schuhe, die sich gegenwärtig zur Reparatur bei einem Schuhmacher befinden, sind ebenf. anzugeben):	Anzahl der vorhandenen Schuhe:		
Art der vorhandenen Schuhe	gebrauchsfähig	reparatur- bedürftig	nicht mehr instandsetzungs- fähig
Straßenschuhe (ohne leichtes Schuhwerk)	.... Paar	.... Paar	.... Paar
Sportschuhe (Hasel-, Ski-, Berg-, Jagdschuhe und -stiefel usw. und zwar	„	„	„
Schaft-, Marsch- und **Reitstiefel** (davon sind Dienststiefel für Uniformträger .... Paar)	„	„	„
Arbeitsschuhe (ungefüttert)	„	„	„
Leichtes Schuhwerk (Stoffstraßenschuhe, Sandaletten, Sandalen, Holzsohlenschuhe u. dgl.) .	.... Paar	.... Paar	.... Paar
Hausschuhe, Pantoffeln, Turnschuhe, Ledergamaschen, Überschuhe	„	„	„

Wenden! Rückseite beachten!

Antrag auf Erteilung eines Bezugsscheines für ein Paar Arbeitsschuhe, Ende der 1940er Jahre.

mittelgeschäften gekriegt. Wenn das ganze Buch voll war, für 50 Mark hast du da eingekauft gehabt, dann hast du 1,50 Mark Rabatt gekriegt. Die Frau von unten ist oft zu uns raufgekommen und hat gesagt: »Haben Sie nicht ein paar Markerl, daß mein Bücherl voll wird?« Im Lebensmittelgeschäft ist auch aufgeschrieben worden, am 1., wenn es die Rente gegeben hat oder das Waisengeld, dann ist wieder gezahlt worden. Die Mutter hat wenig Rente gehabt, die Väter waren ja alle so jung, wo wäre das hergekommen? An Allerheiligen sind wir dann immer zu den Verwandten gefahren, aufs Land raus, nach Eggmühl. Das war dann ein Feiertag, weil man hat Eier gekriegt, und es hat was Gutes zum Essen gegeben, Fleisch hat es gegeben. Oft hat meine Mutter nicht gewußt, wie sie uns alle satt bringen soll, meine Brüder haben ja sehr gerne und viel gegessen.
Herta Wittmann, Verkäuferin, Jahrgang 1941

In unserem Haus hat die Geliebte eines Amerikaners gewohnt, und wir durften zwei Jahre lang das Haus nicht betreten. Wir waren rausgeschmissen wie soviele in Regensburg. Einmal bin ich zu Fuß mit meinem Bruder hin, weil meine Mutter einen großen Blumengarten gehabt hat, habe geläutet und gesagt: »Ich bin die Tochter von der Frau Kerschensteiner, und die Mutti hat jetzt Geburtstag«, und ob ich nicht ein paar

Blumen kriege vom Garten, »ich will keine Tulpen, ich will bloß Flieder«. Weil kaufen konnte ich nichts, ich habe ja kein Geld gehabt. Dann hat die mich angeschrien: »Schau, daß du rauskommst, du hast da nichts mehr zu suchen!«
Annemarie Filzmann-Kerschensteiner,
Wachsbildnerin,
Jahrgang 1935

Als der Krieg dann zu Ende war, stellte sich die Frage in jüdischen Kreisen: »Was ist denn eigentlich mit dem Zeug, das da in Deutschland geblieben ist?« Und dann hat man versucht, Kontakte hierher zu finden, und hat allmählich auch Informationen bekommen. Die »Arisierung« des Geschäftes, Verkauf des Geschäftshauses, Verkauf der Villa in der Gumpelzhaimer Straße, das waren ja alles Notverkäufe damals und die waren sehr eindeutig. Meine Mutter und ich sind seit 1951 jedes Jahr für ein paar Wochen von Argentinien nach Regensburg gefahren, und meine Mutter hat dann 1955 gesagt: »Weißt du was, ich gehe wieder nach Regensburg.« Sie hatte hier noch Freunde von vor dem Krieg, und die Menschen waren ja ungeheuer freundlich, es war eine schwierige Zeit, weil man nie so genau wußte, war diese Freundlichkeit echt oder war sie aus schlechtem Gewissen. Aber mit der Zeit hat man ja gehört, wer was gewesen ist. Ich kenne ganz verrückte Fälle von Leuten, die wirklich Erznazis waren, sich aber dann in einer Weise verhalten haben, die haben es eingestanden und sich an den Kopf gelangt, gesagt: »Was waren wir für Idioten!« Manche sind so, manche verleugnen ihr Nazitum bis auf den heutigen Tag.
Juan Rosengold, Kaufmann,
Jahrgang 1923

In Weichs waren Ami in so Holzhütten, bei denen hat mein Vater immer, wenn er ihnen wieder Hennen oder Enten gegeben hat, Eisenpulver gekriegt, Schokolade, weil die haben alles gehabt nach dem Krieg. Als Kinder sind wir immer umeinand gegangen und haben mit den Kindern da gespielt, da sind wir von denen gut versorgt worden, da haben wir Bohnenkaffee gekriegt und gutes Gemüse. Da war der Dollar 4 Mark in der Zeit, die haben bei uns gut gelebt. Was ich so in Erinnerung habe, waren das eigentlich alles gute Leute. Da hat man zwar viel geredet: »Mei, schon wieder ein Neger«, aber ich kann mich da so gut erinnern, daß man da gut ausgekommen ist, weil die haben uns auch mitkommen lassen, sind auch mal ins Wirtshaus gegangen.
Walter Erhard, Dreher und Betriebsrats-
vorsitzender,
Jahrgang 1945

Mein Vater ist jedes Wochenende mit dem Fahrrad, ich vorne drauf, von Regensburg nach Tiefenthal gefahren und hat da als Elektriker die Motoren und die Leitungen gerichtet. Man ist in Naturalien bezahlt worden, und die Verwandten haben uns dann mitversorgt, wenn die ein Schwein geschlachtet haben. Dann haben wir für eine Woche ein paar Eier gehabt oder eine Kanne Milch oder Fleisch.
Edith Rölz, Finanzsachbearbeiterin,
Jahrgang 1942

Nach dem Krieg waren auf dem Hof ungefähr 15 Leute beschäftigt. Die sind in rauhen Mengen gekommen und haben gefragt, ob wir nicht Arbeit für sie haben. Wir haben auch einen Tenor vom

Stadttheater hier heraußen gehabt. Die haben zum Teil nach dem Krieg im Stadttheater zum Nulltarif gespielt und gesungen, hier haben sie gearbeitet fürs tägliche Brot, damit sie was zu essen gekriegt haben.
Hans Renner, Landwirt,
Jahrgang 1935

Jeden Tag haben wir auf meinen Bruder gewartet: Aber er ist nicht gekommen. Und wir haben schon ab und zu Post gekriegt. Apfelspeise hab' ich ihm geschickt, weil so konnte ich die Äpfel nicht schicken, dann habe ich sie im Sommer getrocknet. Auf Markengeld habe ich ihm nachher ein bissel was zum Rauchen geschickt. Wie die ersten Amis gekommen sind, guckt da ein schwarzer Ami zur Küchentüre rein, das Gewehr hat er hinten gehabt, das war ein Neger, und der hat nicht Englisch können, dann hat er geschaut, daß nicht jemand hinter seinem Rücken ist, dann hat er auf Französisch gesagt: »Voulez-vous manger?«, das heißt: »Wollt ihr zu essen haben?« Dann haben wir gesagt, wir wollen nichts zu essen haben, weil Kartoffeln haben wir ja gehabt vom Krieg her noch. Wir haben nämlich nach dem Krieg Apfelkompott mit Salzkartoffeln gegessen, das war ein Hochgenuß, so ein Haferl. Einmal sind wir zu einem Bauernhof an der Naab, haben sie ein Brettl Brot hergegeben, ich beiße rein, geknirscht hat das Brot, ist Sand drin gewesen. So war das Brot ja schon mit Kastanien oder irgendwas gemischt, es ist gerade noch gegangen, ich habe dann Apfelkompott draufgestrichen, dann war es schon besser, da hat man es schon derpacken können.
Betta Krön, Finanzbuchhalterin,
Jahrgang 1922

Ich hatte so eine wunderschöne Babypuppe, das war der Fritzl, und der war so aus Weichgummi, und den haben sie, wie wir weg waren, aus dem Keller raus, da haben sie ja alles gestohlen. Später hat es diese Tauschzentrale gegeben am Haidplatz beim »Goldenen Kreuz«, da konnte man Sachen tauschen, weil man konnte ja nichts kaufen. Und ich komme hin und sehe meinen Fritzl sitzen, ich hab ihn ganz genau erkannt, weil der Daumen war vorn total abgelutscht. Meine Mutter hat nicht das gehabt, was die für den wollte, obwohl er mir gestohlen war, aber ich konnte es nicht beweisen. Die Frau war knallhart und hat gesagt: »Nein, das kann jedes Kind behaupten.«
Annemarie Filzmann-Kerschensteiner,
Wachsbildnerin,
Jahrgang 1935

In der Nacht bin ich heimgekommen. Bin entlassen worden aus der Gefangenschaft und bin da schnell und unerwartet mehr oder weniger gekommen, mit dem Rucksack da. Hausglocke haben wir keine gehabt, dann habe ich ein paar Stoandl gesucht, da auf der Straße, daß ich die da raufgeschmissen habe. Und dann die Freud', daß ich gekommen bin.
Anton Allkofer, Bäckermeister,
Jahrgang 1924

Es gab Lokale, da konnte man nur mit einem Ami rein, gegenüber vom Josefskrankenhaus, da gab es Swingmusik, Livemusik und richtigen Kaffee. In der Malergasse gab es eine »Roxy-Bar«, und eine Freundin meiner Eltern, die hat da im Hinterhaus gewohnt und ausgeholfen. Die Kaffeefilter, die schon

benutzt waren, hat sie mit nach Haus genommen, da haben wir nochmal Kaffee gemacht. Und die Amis haben die beste Musik gemacht, auch bei dem Faschingszug, da war immer die Militärkapelle dabei, und adrett haben die halt ausgeschaut.
Edith Rölz, Finanzsachbearbeiterin,
Jahrgang 1942

Mein Vater ist dann gekommen, entnazifiziert worden, dann hat ein Bekannter den Papa zu sich genommen, der hat eine Blechfabrik gehabt, und da ist dann der Papa einfacher Vertreter geworden. Da sind wir mit unseren alten Fahrrädern gefahren, wie der Papa die ersten Kunden geworben hat; wir waren noch nicht mal in Etterzhausen, schon war wieder ein Loch im Reifen. Die Äpfel sind von den Bäumen runtergefallen, und wir sind im Straßengraben gesessen und haben die sauren Äpfel gegessen. Früher haben wir ein Haus gehabt mit Dienstmädchen, und dann sitzen wir mit dem Vater am Straßenrand und haben unsere abgetragene Kleidung und essen saure Äpfel, die sind mir in Erinnerung, aber nicht unsere schönen Essen, die wir vorher gehabt haben.
Annemarie Filzmann-Kerschensteiner,
Wachsbildnerin,
Jahrgang 1935

Eine Zeitlang hat ein Soldat hier gewohnt, da hat meine Tante einen aufgenommen, der konnte nicht mehr heim, der war aus der sowjetisch besetzten Zone. Der hat im Krankenhaus gearbeitet, wo die Amerikaner waren. Der war sehr geschickt, der hat aus Knochen vom Essen, von den Schweinen, hat der

die freigelegt und getrocknet, hat Knöpfe gemacht, wenn wir Trachtenjackerln gestrickt haben. Und hat sich da nebenbei ein bißchen Geld verdient. Der war vielleicht ein Jahr hier oder zwei, dann ist er weg. Der hat schon Frau und ein Kind gehabt, aber wir haben dann nichts mehr gehört, wir haben keine Adresse gehabt.
Irmengard Kunst, Chemotechnikerin,
Jahrgang 1922

Die Soldaten haben uns eingeladen, Maria und mich, in die Kaserne zum Essen. Und wir haben soviel Angst gehabt, weil doch da Neger dabei waren. Mit der Unterhaltung war's nicht schlimm, ein bisserl Schulenglisch halt. Da waren wir eine Zeitlang unten, die Ami waren auch jung und hübsch, nicht? Dann haben sie uns wieder heimgefahren. Und dann waren wir froh, wie wir wieder daheim waren. Und die haben uns einen ganzen Karton echte Tafelbutter gegeben. Das weiß ich noch so gut. Echte Tafelbutter.
Erna Kölbl, Hausfrau,
Jahrgang 1916

In der Oberen Regenstraße haben die Amis eine Wäscherei eingerichtet gehabt. Da haben sie ein wenig Wasser rausgepumpt in die Schläuche, in ihre Anlagen da rein, da ist die ganze Wäsche von den Amis mit den Autos angeliefert und gewaschen worden. Da haben sie das Wasser gefiltert und gereinigt, daß es keimfrei gewesen ist, mit Tabletten, und dann haben sie ihre Wäsche da gewaschen.
Reinhold Heigl, Gemeindeschreiber,
Jahrgang 1926

Im Schloß, da war eine Frau aus dem Banat einquartiert, die hat mit Bohnen die Zukunft vorausgesagt. Und dann hat sie zu mir gesagt: »Ihr Mann wird demnächst kommen, und bis Sie denken, ist der da.« Sage ich: »Nein, das glaube ich nicht, daß das stimmen täte.« Und in der Früh gehe ich dann heim, und auf einmal pfeift's unten, das war der Pfiff von meinem Mann, schaue ich runter, steht mein Mann vor mir.
Erna Kölbl, Hausfrau,
Jahrgang 1916

In der Zeit, wie ich im Gymnasium war, ist über die Hitler-Zeit oder diese ganzen Sachen nie gesprochen worden. In den Geschichtsbüchern war ja sowas auch noch nicht drin, und da ist auch nicht drüber geredet worden, ist irgendwie weggeschoben worden. Viele Dinge sind einfach ignoriert worden, man hat uns Kindern auch nicht viel erzählt.
Eva Watter, Hauswirtschaftsleiterin,
Jahrgang 1939

Mit den Domspatzen haben wir viele Konzertreisen gemacht. Zum Teil haben wir in zerbombten Kirchen und so weiter unsere Konzerte gegeben, in Würzburg bekamen wir dann unsere ersten Sandwiches und Coca-Cola zu trinken, gereicht von jungen amerikanischen Mädchen, für uns Buben war das natürlich ein Riesenerlebnis. Einmal war ich bei einer alleinstehenden Dame untergebracht, ich natürlich immer mit einem Riesenhunger im Bauch, und da hat die mir 20 Pfannkuchen gemacht und zwei Gläser Kirschkompott, das habe ich alles auf einen Putz aufgegessen, soviel Hunger haben wir gehabt, sowas prägt sich natürlich ein ganzes Leben

lang ein. Und einmal war ich bei einem Kaufmann untergebracht, da war ich so nervös, daß ich mit dem Löffel geklappert habe. Der kleine Bub dort hat gesagt: »Mensch, der klappert«, da ist mir natürlich der ganze Appetit vergangen.
Adolf Eichenseer, Bezirksheimatpfleger a.D.,
Jahrgang 1934

Wie dann die Währungsreform war, dann ist ja alles frei geworden, dann hat es ja alles gegeben. Jeder hat 40 Mark bekommen, »Kopfgeld« hieß das. Ich habe keinen Kinderwagen gehabt, den habe ich zu leihen gekriegt. Und von dem Kinderwagen sind immer die Räder runtergegangen – bin ich ein bisserl gefahren, dann war schon wieder das Rad weg. Mein erstes Geld das ich kriege, habe ich mir gedacht, daß ich mir einen Wagen kaufe. Das war mein erstes Geld.
Erna Kölbl, Hausfrau,
Jahrgang 1916

»Ich hätte Gärtner oder Maler werden wollen«: Berufswahl und Arbeitsalltag

Viele Menschen verbinden mit ihrem Arbeitsalltag nicht nur die Notwendigkeit des Geldverdienens, sondern auch die soziale Zugehörigkeit und den Stolz auf selbstgeschaffene Werke. Daß persönliche Neigungen für die Berufswahl älterer Jahrgänge nur selten zählten, wird in den Erzählungen deutlich. Früher entschied oft der Vater, welchen Beruf der Sohn oder die Tochter erlernen sollte. Mit 14 Jahren in die Lehre zu gehen, war für viele Regensburgerinnen und Regensburger normal, zudem wurden in der Nachkriegszeit Arbeitskräfte in Industrie und Handel gebraucht. Seit Mitte der 1960er Jahre begann sich Regensburg als Studentenstadt zu etablieren. Selbst in einer historisch gewachsenen Stadt wie Regensburg ist es heutzutage die Ausnahme, daß ein Familienbetrieb Jahrzehnte lang aufrecht erhalten wird.

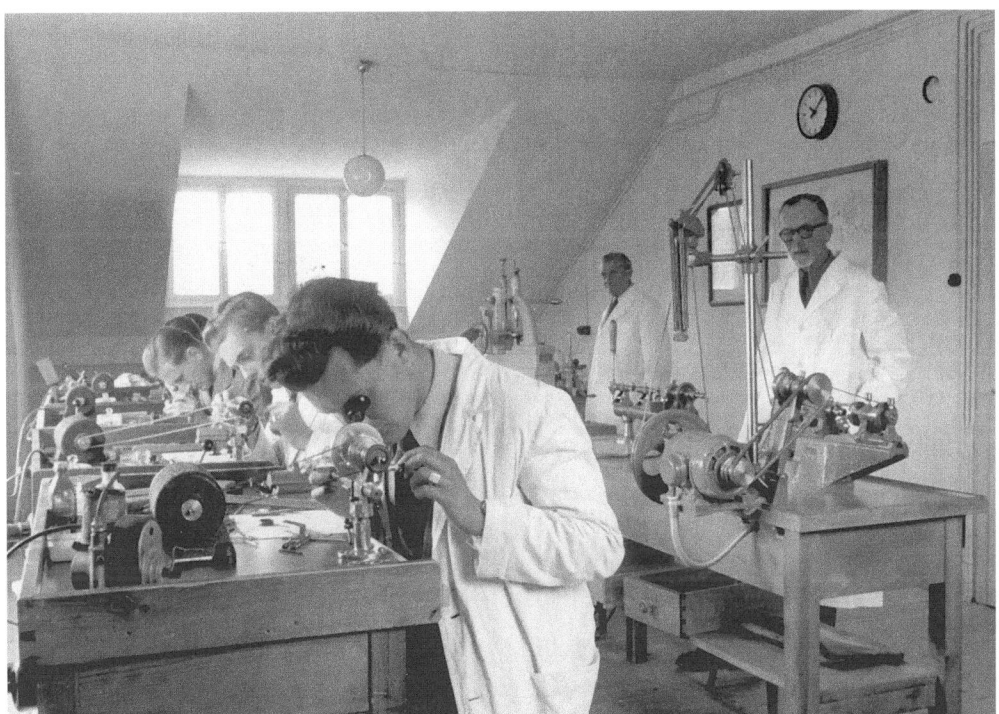

Der Großvater von Annemarie Kerschensteiner (hinten) in der Uhrenfachschule Niedermaier, 1950er Jahre.

Wir haben die Arnulfsbäckerei seit 1919. Unsere Eltern haben schon in Schierling eine Bäckerei gehabt, da haben sie dann rausmüssen und sind in die Stadt gekommen. Früher waren in Regensburg an die 100 Bäckereien. Und jetzt bleiben ein paar übrig, das andere sind lauter Filialen, die Brot backen. Um zwei Uhr nachts haben wir immer mit dem Backen angefangen. Früher haben sie auch noch sonntags gearbeitet. Wenn der Vater einmal auf einen Ball hat gehen wollen, dann hat er einen Ersatzmann bringen müssen, der an dem Tag dann gearbeitet hat. Urlaub hat es keinen gegeben. Freitag auf Samstag haben wir auf d' Nacht um zehn angefangen, weil wir samstags mehr Lieferungen gemacht haben. Da haben wir allein für das Krankenhaus der Barmherzigen Brüder 2.000 Semmeln gemacht. Das war nicht so wie heute, daß es da Kuchen gegeben hat, sondern da hat es am Sonntag in der Früh auch mal eine Semmel gegeben, und deshalb haben die mehr gebraucht. Im Lauf der Zeit hat es dann keine alten Semmeln mehr gegeben am Sonntag, sondern lieber Kuchen oder Zopf. Unsere Maschinen waren auch noch nicht so wie heute, sondern viel arbeitsaufwendiger.

Anton Allkofer, Bäckermeister,
Jahrgang 1924,
Elisabeth Allkofer, Fachlehrerin,
Jahrgang 1926

Ich komme aus einer Eisenbahnerfamilie, der Vater war Stellwerkmeister, der die Weichen gestellt hat im Turm dro-

Die Mutter von Hans Weber (zweite Reihe von oben, vierte von links) mit ihren »Kolleginnen«. Die Frauen der Eisenbahner übernahmen während des Ersten Weltkriegs die Arbeit der Männer.

ben. Wir waren eine fünfköpfige Familie und nicht überversorgt, weil was hat so ein Eisenbahner schon verdient früher? Wenn er mit 120 Mark nach Hause gegangen ist, dann war das sehr viel. Erinnern tu ich mich an die Inflation, da ist mein Vater mit einem Bund voll Geld nach Hause gekommen, mit Millionen. Ein paar Tage später war es schon nichts mehr wert.
Hans Weber, Elektriker und Bürgermeister a.D.,
Jahrgang 1912

Ich wollte ursprünglich Deutsch studieren an der Uni, und da waren zu viele Leute angestanden. Dann bin ich zur TU in München gegangen und wollte Maschinenbau studieren, da waren auch so viele Leute. Und dann habe ich das studiert, wo am wenigsten Leute angestanden sind. Das war Luft- und Raumfahrttechnik. Diesen Blödsinn hat ein Freund mit mir mitgemacht, der hat das auch alles so gemacht. Aber ich habe das nicht bereut, eigentlich ist das ganz gut gegangen.
Werner Graggo, Luft- und Raumfahrt-
techniker,
Jahrgang 1942

Ich habe mich mit einer Trainingshose beim städtischen Mädchenlyzeum vorgestellt. Da haben die Klosterschwestern zu mir gesagt, wenn ich die Schule besuchen wollte, müßte ich einen Rock drüber tragen, man geht nicht so mit Hose. Das hat mich wahnsinnig gestört. Ich hatte eine schlechte Betragensnote, da haben sie gedacht, sie würden mich schon erziehen. Dann bin ich nicht zur Aufnahmeprüfung gegangen, bin statt dessen aufs Arbeitsamt und habe mir

eine Lehrstelle besorgt. Am Tag von der Aufnahmeprüfung habe ich mich auf der Toilette eingesperrt, als mein Vater mittags nach Hause kam, und habe gewartet. Abends konnte ich ihm die Lehrstelle präsentieren, das hatte ich schon gemanagt. Das war eine kaufmännische Lehre beim Elektrogeschäft Schindelmeier am Kornmarkt. Da gab es die Schreibmaschine »Olympia«, das war so ein schwarzes Riesending mit Chromrändern. Und eine Rechenmaschine, da mußte man nach jedem Zahlentippen eine Kurbel drehen. Ich war im Laden und im Büro. Dann habe ich die Kaufmannsgehilfenprüfung gemacht, da hatte ich eine Vier im Zeugnis, das war in Religion. Meine Chefin hat zu mir gesagt, ein Mädchen, das in Religion eine Vier hat, wäre ein Putzlappen. Das habe ich ihr so übelgenommen, dann habe ich von heute auf morgen gekündigt und 1960 bei der Firma Fröschl in der Margaretenstraße angefangen.
Edith Rölz, Finanzsachbearbeiterin,
Jahrgang 1942

Ich habe mich für Wirtschaftsgeographie entschieden, weil das spannend war, und mich auf den Themenbereich »Regenerative Energien« spezialisiert. Mit einem Studienkollegen kamen wir auf die Idee mit der Windkraft, das war eine totale Neuerung, und haben beschlossen, unternehmerisch tätig zu werden. Im Endeffekt war das ein Sprung ins kalte Wasser, weil ich hatte damals keine Ahnung von Genehmigungsrecht oder Wirtschaftlichkeitsberechnungen. Ich weiß noch, das war am Anfang ein leeres Zimmer, auf dem Tisch ein Telefon, und dann hieß es: »Schieß los.« Dann habe ich losgeschossen mit ein paar Fehlschüssen, und

über Kontakte kamen wir zu unserem ersten großen Projekt in Windischeschenbach. Und das traf wie die Faust aufs Auge.
Bernhard Gubo, Unternehmer,
Jahrgang 1970

Mein Vater war gelernter Flugzeugbauer. Nach dem Krieg hat es wenig Arbeit gegeben, dann hat er alles annehmen müssen, was zur Verfügung gestanden ist, und hat als Hilfsarbeiter im Sägewerk gearbeitet. In den Sägewerken, die Eisenbahnschwellen und Telefonmasten hergestellt haben, ist alles in Karbolineum getränkt worden, das haben die mit den blanken Händen heben müssen oder tragen. Die haben alle davon Ekzeme bekommen, aber das hat man nicht gekannt, das war halt so.
Walter Erhard, Dreher und Betriebsratsvorsitzender,
Jahrgang 1945

1969 habe ich als Bezirksheimatpfleger angefangen. Ich hatte nur einen ehrenamtlichen Vorgänger, also auch keinen Dienstraum. Angefangen habe ich im Nervenkrankenhaus, dann kamen die ersten Anrufe von meinen Freunden, da hieß es: »Wieso Nervenkrankenhaus, ist es so schnell gegangen?« Ich hatte keine Karteikarten, überhaupt nichts, nur ein achtzehnjähriges Mädchen saß da am ersten Tag mit übergeschlagenen Beinen und Stenoblock und Bleistift, das war alles. Und jetzt anfangen, wir sind ja an der Uni auch nicht zum Heimatpfleger ausgebildet worden. Ich habe mir sofort eine Generalstabskarte gekauft und versucht, das ganze Gebiet abzustecken, ich kannte ja auch von der Oberpfalz so gut wie nichts. Aber

das hat sich schnell geändert, dann war ich Null Komma nichts im Geschäft drin.
Adolf Eichenseer, Bezirksheimatpfleger a.D.,
Jahrgang 1934

In der Frauenfachschule gab es zwei Zweige, einen für Hauswirtschaftsleiterin und einen für Hauswirtschaftslehrerin. Man mußte, wenn Kochen war, alles selber besorgen und versuchen, am günstigsten einzukaufen. Und dann hinterher alles wieder aufräumen, saubermachen, putzen. Einmal lag in der Schulküche so ein Haufen Geschirrtücher, wir hatten ja auch Gas, und da hat so ein Geschirrtuch Feuer gefangen, und es gab ein schönes Flämmchen. Alle haben bloß noch geschrien. Ich bin dann hin und habe was draufgehaut, damit das Feuer ausgeht. In unserer Klasse war auch eine, die ist jetzt im Kloster Heilig Kreuz für die Küche verantwortlich. Und da kann ich mich erinnern, da haben wir einen Kuchen backen müssen, und da hat die Schwester Angela statt Zucker Salz genommen, dann hat natürlich der Kuchen entsetzlich geschmeckt. Bis 1967 war ich dann als Küchenleiterin im Alumneum tätig, das war früher ein Schülerheim.
Eva Watter, Hauswirtschaftsleiterin,
Jahrgang 1939

Mein Vater hat in Rheinhausen Schuster gelernt. Ab 1902 war er dann Pflasterer bei einer Regensburger Firma. Da hat er wesentlich mehr verdient, obwohl er da ein Vierteljahr Winterruhe gehabt hat, aber da hat er eben im Winter wieder geschustert. Da sind die Hausbewohner gekommen und die Ver-

Klassenkameradinnen von Eva Watter in der Frauenfachschule im Von-Müller-Gymnasium am Petersweg, 1959.

wandten, weil er das billiger gemacht hat als eine Firma, und da hat er sich nebenbei sein Biergeld verdient. Während dem Krieg sind viele von 30 Kilometer weit hergekommen und haben Leder mitgebracht, weil so ein handgemachter Schuh ja ganz anders hergehalten hat als das Pappendeckelzeug, was es damals im Laden gegeben hat. Ich habe mitgeholfen mit Dex, das waren kurze Eisennägel, da hat der Vater dann die Sohlen runtergeschnitten und zwei Stifte rein, und ich habe die rundherum mit den Dex festgenagelt.
Reinhold Heigl, Gemeindeschreiber, Jahrgang 1926

Zum Hochzeitsjubiläum wollte ich meinen Eltern eine Erinnerungskerze schenken, aber im Fachhandel hat es nichts gegeben. Ich wollte meiner Mutter unbedingt Blumen auf die Kerze

machen, da bin ich das erste Mal mit Wachsplatten in Berührung gekommen. Ich habe das Wachs nicht geklebt, sondern gleich geformt. Die Gäste von der Feier waren dann meine ersten Kunden. Ein Wachsfabrikant war begeistert und hat gefragt, ob ich für ihn arbeiten könnte. Wir haben mit meiner Schwägerin zusammen in einem Monat 100 Stück gemacht. Ab dem Moment, das ist schon 30 Jahre her, war ich Designerin. Da haben wir uns dann spezialisiert auf Feldblumen, Alpenblumen, Rosen und Hibiskus.
Annemarie Filzmann-Kerschensteiner, Wachsbildnerin, Jahrgang 1935

Ich habe in der Schule schon die Modellbauabteilung geführt, da hat mein Klassenleiter gesagt: »Den schlagen wir vor für die fliegertechnische Lauf-

bahn«, so hieß das damals. 1942 bin ich als Flugzeugelektrikerlehrling zu den Messerschmitt-Werken gekommen. Die Lehrwerkstätte war ein großes Gebäude mit Fräsmaschinen, Drehbänken, Schweißanlagen, Schmiede und sehr vielen Werkbänken. Im ersten Lehrjahr ist der Grundlehrgang gemacht worden, da ist gefeilt worden, gebohrt, Gewinde geschnitten, solche Sachen. Dann ist es auf die Maschinen gegangen. Wir haben alles aufgefaßt, was wir gehört haben, und haben das ein bißchen gemischt mit Angabe, so war der Lehrling immer vorne dran. Im Januar 1945 habe ich die Facharbeiterprüfung gemacht. Nach dem Krieg habe ich dann weitergelernt als Rundfunkmechaniker und die Meisterprüfung gemacht.
German Riedl, Rundfunkmechanikermeister,
Jahrgang 1928

1948 bin ich von der Zuckerfabrik eingestellt worden und hab' im Lohnbüro als Buchhalter gearbeitet. Zu der Zeit haben wir 700 oder 800 Leute eingestellt, und das ist innerhalb von drei Tagen geschehen. Die haben schon fast das Tor eingedrückt, weil sie Arbeit wollten, jeder ist ja nicht genommen worden. Später bin ich in die Betriebsbuchhaltung gekommen und habe die Bilanz gemacht.
Michael Stöberl, Buchhalter,
Jahrgang 1915

Mit 14 Jahren bin ich in die Arbeit gekommen. Beim Merkur habe ich gelernt als Verkäuferin, dem Kaufhaus am Neupfarrplatz. Davor hast du eine Prüfung gehabt, da ist aussortiert worden, wen sie nehmen. Da haben sie gesagt, ich bin groß und kräftig und kann

Blick in die Fertigungshalle der Messerschmitt-Werke, Anfang der 1940er Jahre.

zupacken, da bin ich in die Schreibwarenabteilung gekommen. Da haben wir viel arbeiten müssen, die schweren Briefblocks schleppen und das Toilettenpapier, ganze Packln, das hast du alles tragen müssen. Wenn Feierabend war, hat man erst putzen müssen. Wir sind oft um unseren freien Sonntag gekommen, da waren die Läden offen, und da hast du immer schöner angezogen sein müssen im Geschäft. Später bin ich ins Dispobüro gekommen, da haben wir für die verschiedenen Abteilungen bestellen müssen, das war eine schöne Arbeit und gleitende Arbeitszeit. Dann bin ich in die Spielwarenabteilung, da hat's mir gut gefallen. 1994 habe ich aufgehört und gesagt: »Jetzt reicht's, 39 Jahre lang da drin.« Und seitdem bin ich Hausfrau, schön, mir wird's überhaupt nicht langweilig.
Herta Wittmann, Verkäuferin,
Jahrgang 1941

Mein Vater Max Rosengold hatte ein Bekleidungshaus, das hieß damals »Firma Gebrüder Manes« und hat sich sehr gut entwickelt. Mein Vater war ein richtiger Selfmade-Man und die Firma existiert ja heute noch, das ist jetzt die Firma Carlson, und da bin ich immer noch beteiligt, ich möchte gerne das Hundertjährige erleben, das wäre 2008. Das war eine Filialistenkette seit der Jahrhundertwende in Nürnberg, Leipzig, Dresden, die hatten hier eine Filiale. Und mein Vater, der da 1904 als Filialleiter eintrat, hat ihnen 1908 die Filiale abgekauft und nach oben gebracht. 1939 wurde das Geschäft »arisiert«, wie man das nannte. Meine Mutter, ein Vetter väterlicherseits von mir, der Großpapa und ich sind nach Argentinien ausgewandert. 1948 hatten wir die Wiedergutmachungsgeschichte beendet, dann hat sich jemand für unser Geschäftshaus interessiert und gesagt: »Ihr habt das tolle Haus in der Goliathstraße, und ich habe eine Kleiderfabrik.« Es war ja vor der Währungsreform noch schwierig, Ware zu bekommen. Wir haben dann tatsächlich Partnerschaft gemacht, und die besteht bis heute. 1956 bin ich von Argentinien zurück nach Regensburg gegangen. Angefangen habe ich in unserem Damenhaus an der Goliathstraße, und es hat mir viel Spaß gemacht. Dann habe ich mich um die Expansion gekümmert, heute haben wir elf Geschäfte.
Juan Rosengold, Kaufmann,
Jahrgang 1923

Nach dem Volkskunde-Studium habe ich eine ABM-Stelle bei den städtischen Museen bekommen. Ich bin dann mit dieser Arbeit nicht zurechtgekommen, das war doch alles sehr trocken, im Archiv gehockt sind wir oft wochenlang. Dann ist mir vom Arbeitsamt ein Brief geschrieben worden: »Infoabend für Akademiker zum Thema Weiterbildung«. Da gab es Computer, Technik, soziale Geschichten und eben Medien, das war damals im Kommen. Medienpraxis hieß das, ein eineinhalbjähriger Lehrgang mit Praxis und Theorie von der Pike auf, das hat mir wahnsinnig Spaß gemacht, und da habe ich festgestellt: »Hoppla, das ist ja etwas, was ich noch gar nicht entdeckt hatte.«
Claudia Schwerdtfeger, Volkskundlerin
und Verlagsangestellte,
Jahrgang 1960

Unser Fotogeschäft war am Neupfarrplatz im ersten Stock, ein Porträtge-

schäft. In den zwanziger Jahren wurde mein Großvater Hoffotograf der fürstlichen Familie Thurn und Taxis. Zu allen familiären Anlässen mußten die Graggos ran: Hochzeit, Tod, Geburt, Familienfeste, sie sind viel im Schloß gewesen. Manche Dinge waren hier im Atelier, weil die Beleuchtung im Geschäft besser war. Mit den Lampen war man damals noch nicht so mobil. Da ist auch die Fürstin ins Atelier gekommen und das Hofpersonal. Bekannt ist die Geschichte mit dem fürstlichen Mops, der von der Stellage runtergefallen ist. Im Geschäft war ein wunderschöner Spiegel, der war durch einen warmen Ton hinterlegt. Meine Großmutter hat immer gesagt, man sieht in dem Spiegel besonders schön aus. Die Leute haben lange in diesen Spiegel geschaut, bevor sie fotografiert worden sind. Die wurden dann frisiert und gekämmt und ein Hintergrund ausgesucht, da gab es Barockbaluster und schmiedeeiserne Gitter, mit Efeu umrankt. An der Decke waren vier Meter breite Rollos, die konnte man runterziehen. In den fünfziger Jahren haben mein Vater und mein Onkel ein Farblabor aufgemacht und Farbfotografien gemacht. Das war ein riesiger Aufwand, da mußten Farbproben gemacht werden und Probeaufnahmen. Da waren so große Lampen mit Filtern, damit es grün rauskam oder mit Rotstich. Mit Säuren und Chemikalien ist auch viel hantiert worden. Man mußte immer aufpassen, nicht einfach eine Tür aufmachen, sonst wäre etwas verdorben gewesen. Es gab einen riesigen Fundus an Apparaten, Linsen, Objekten und Farben; Schneidemaschinen waren da und riesige Schränke mit allem möglichen Zeug. Ein Mädchen hat nur retuschiert, denn bei jedem Bild sind mit Pinsel und Farben die Fehlstellen retuschiert worden.
Werner Graggo, Luft- und Raumfahrttechniker,
Jahrgang 1942

Bei uns ist es immer so gewesen, daß derjenige, der den Hof nicht gekriegt hat, Pfarrer werden sollte. Mein Großvater hätte schon Pfarrer werden sollen, ist aber dann hier am Hof gelandet, ist nicht Pfarrer geworden, was damals eigentlich recht schlimm war. Dann hat man gesagt, mein Vater soll Pfarrer werden, der ist dann auch nicht Pfarrer geworden. Haben sie gesagt: »Halt, beim dritten Mal könnte es klappen, schicken wir den Jüngsten«, das bin ich, »ins Kloster, dann wird er schon Pfarrer.« Dann habe ich 1951 zu meinem Vater gesagt, daß ich nicht Pfarrer werde. »Gut«, hat er gesagt, »wenn du nicht Pfarrer wirst, dann gehst du heim und wirst Bauer.« Was mir am Anfang sehr schwergefallen ist, weil ich als zukünftiger Pfarrer meine Ferien natürlich nicht daheim am elterlichen Hof arbeitenderweise verbracht habe, sondern mich aufs Radl gesetzt habe und in die Berge gefahren bin. Aber ich habe mich dann schon zurechtgefunden, mir hat die Landwirtschaft immer sehr viel Spaß gemacht.
Hans Renner, Landwirt,
Jahrgang 1935

Ich habe beim Lagerhaus Weigert die Buchhaltung gemacht. Am Schluß war ich fast 26 Jahre in einem Steuerbüro als Finanzbuchhalterin. Mit 60 Jahren bin ich zwar in die Rente, aber dann habe ich noch ausgeholfen und mit 73 Jahren habe ich endgültig Schluß ge-

macht. Wie ich in die Lehre gekommen bin, habe ich das Durchschreibebuch führen gelernt. Da hat man mit braunen Glasfedern geschrieben, die waren so fein, wenn du draufgedrückt hast, ist die Spitze abgebrochen, und du hast wieder eine neue gebraucht. Bei der Firma habe ich auf die Maschinenbuchführung umgestellt, da habe ich daheim ein Buch durchstudiert, dann habe ich es rausgehabt. Das ist auch nicht viel anders als wie der Computer.
Betta Krön, Finanzbuchhalterin,
Jahrgang 1922

Mit einem Freund zusammen haben wir ein Institut gegründet, »Gesellschaft für Erfolgs- und Lebensplanung«. Wir haben Managerschulungen für Arbeitnehmer umgeschrieben: Wie reagiere ich als Arbeitnehmer oder Betriebsrat, wenn der Chef sich zurücklehnt und keine Zeit hat oder durch mich durchschaut und meinen Fragen nicht zuhören will? Welche Bedeutung hat die Körpersprache? Da hatten wir relativ gute Erfolge, bis die Gewerkschaft uns einstellen wollte, und da wollten wir nicht mehr. Später hatte ich dann die Möglichkeit, das »Namenlos« zu übernehmen, seitdem bin ich in der Gastronomie.
Wolfgang Holst, Gastronom,
Jahrgang 1954

Unser Bruder wollte eigentlich studieren. Der hat immer experimentiert, dann hat es wieder gekracht in der Wohnung, wir haben gedacht, da fliegt das Haus noch in die Luft. Aber kurzum hat er sich dann doch entschieden, die Mama hat gesagt: »Mein Gott, du wirst doch die Bäckerei übernehmen.« – »Jetzt

»Latina«-Chef Wolfgang Holst mit einem Gast in seiner Bar, 1995.

haben wir uns soviel geplagt«, hat sie immer gesagt. Die hat da etwas Druck ausgeübt. Dann hat er die Bäckerei übernommen. Weil mit Studium ist ja noch nichts gegangen, gleich nach dem Krieg. Das kann man sich gar nicht vorstellen, wie das war.
Maria Allkofer, Köchin,
Jahrgang 1915,
Erna Kölbl, Hausfrau,
Jahrgang 1916,
Elisabeth Allkofer, Fachlehrerin,
Jahrgang 1926

Vor dem Krieg gab es, glaube ich, 80 jüdische Betriebe in Regensburg, eigentlich durch alle Branchen. Es gab zum Beispiel auch eine Firma, die hat Schiffsausstattungen gemacht. Es gab eine Essigfabrik, es gab eine Schnapsfa-

brik am Oberen Wöhrd, Konfektionsbetriebe mit Strickwaren und Bekleidung. Es gab Ziegeleibesitzer, Brauereibesitzer, Holzkaufleute, es gab Kalkwerke. Wenn ich mich recht erinnere, war sogar die Zuckerfabrik zeitweise in jüdischen Händen.
Juan Rosengold, Kaufmann,
Jahrgang 1923

Mit vierzehneinhalb Jahren bin ich in die Lehre als Dreher zur Firma Händler gekommen, die haben Automatenbau und Waggonbau gehabt. Wie ich aus der Schule gekommen bin, hat man die Lehrstellen nicht suchen müssen. Da sind die Handwerksmeister in die Schule gekommen und haben gesagt: »Willst du Automechaniker oder Maurer oder Maler werden?« Ich hätte allweil Gärtner oder Maler werden wollen, aber der Vater hat gesagt: »Du gehst zum Händler, aus, fertig.« Wir waren über 60 Lehrbuben, und es war Tage, Wochen, Monate nur Feilen. Man hat halt bei uns mehr aufs Handwerkliche geschaut. Im ersten Jahr hab' ich 25 Mark Lehrgeld gehabt. Daheim habe ich 10 Mark abgegeben. Wie ich dann ausgelernt habe, habe ich ein paar hundert Mark gekriegt, das hat die Mutter auf die Seite für mich. Dann habe ich auf dem Bau gearbeitet, da ist am besten bezahlt worden. Während ich in einer Maschinenfabrik 1,10 D-Mark gekriegt hätte, hast du am Bau schon 1,60 D-Mark gekriegt. Es war mir egal, was ich machen hab' müssen, ich hab den Dreck nicht geforchten; Hauptsache, es ist Geld reingegangen. In der Gewerkschaft bin ich schon seit 1959. Der Vater hat gesagt: »Du bist von einem Arbeiter, du gehst auch zur Gewerkschaft.« Ich hab' mich nie dafür interessiert in jungen Jahren, aber wenn man dann im Berufsleben steht, muß man sich beteiligen. Als ich in die Zuckerfabrik gekommen bin, habe ich mich mit einem Kollegen für den Betriebsrat aufstellen lassen, wir waren erst 23 Jahre alt, aber wir sind reingekommen. Ich bin heute noch drin und habe es bis zum Betriebsratsvorsitzenden gebracht.
Walter Erhard, Dreher und Betriebsrats-
vorsitzender,
Jahrgang 1945

In der Zuckerfabrik gab es viel Handarbeit. Die Schnitzel von den Zuckerrüben mußten ausgelaugt werden, es mußte heißes Wasser zugesetzt werden, dann öffnen sich die Zellen, und dann wird der Zuckersaft frei. Die Behälter sind mit den Schnitzeln gefüllt worden, dann ist der Deckel zugemacht worden und fest verschraubt, weil ja unter ungeheurem Druck das heiße Wasser reingekommen ist. Wenn das vorbei war, ist der Deckel wieder geöffnet worden, und die ausgelaugten Schnitzel sind nach unten abgefallen, die sind dann zum Trocknen gekommen, das war eine riesige Arbeit. Südzucker war die einzige Fabrik seit 100 Jahren. Als die anderen Fabriken entstanden sind, hat man die Leute nicht mehr bekommen und war gezwungen zu automatisieren. Neue Techniken mußten entwickelt werden, da mußte schon viel Gedankenarbeit gemacht werden.
Michael Stöberl, Buchhalter,
Jahrgang 1915

Gemüse gab es bei uns auf dem Hof in Rehtal immer. Im Jahr 1472 sind die Karether deswegen aktenkundig geworden. Sie mußten nämlich nach St.

Emmeram einen Grünzins liefern, sprich Kraut und Rüben, und einen Schneckenzins, denn die Purpurschnecken haben die Mönche ausgequetscht und damit ihre Paramente eingefärbt. Weil es aber sehr trocken war in diesem Jahr, sind die Schnecken nicht gewachsen und die Rüben nicht und das Kraut auch nicht, und darüber gab es dann einen Mordspalaver. Daraus ist ersichtlich, daß in der damaligen Zeit die Karether schon Kraut und Rüben angebaut haben. Das war bei uns immer da. Wenn es der Landwirtschaft nicht mehr so gut gegangen ist, dann haben wir uns mehr dem Gemüse zugewendet. Ursprünglich war meine Großmutter am Domplatz gestanden, später haben wir dann neben der Alten Kapelle und auf dem Neupfarrplatz unser Gemüse verkauft.
Hans Renner, Landwirt,
Jahrgang 1935

Ich bin 1941 in die Gemeinde Oppersdorf in die Lehre gekommen als Verwaltungslehrling. In der achten Klasse war so ein Berufsberater vom Arbeitsamt da, der hat gesagt: »Was möchtest du werden?« Habe ich gesagt: »Ich werde Verwaltungslehrling.« – »Kommt nicht in Frage«, hat er gesagt, »du kommst in die Messerschmitt-Werke als technischer Zeichner.« Weil ich in Zeichnen einen Einser gehabt habe. Aber dann bin ich mit einem Nachbarsmädel in den Stenokurs und den Maschinenschreibkurs und bin in den großen Ferien schon auf Oppersdorf und habe da mitgeholfen. Wie ich aus der Schule gekommen bin, habe ich schon alles gewußt, Beurkundungen vornehmen können oder – wenn die Hebamme gekommen ist – Geburten anzeigen. 1945

bin ich als Gemeindeschreiber nach Taimering. Die Gemeindekanzlei, das war ein kleines Zimmer mit vielleicht 12 Quadratmetern, da waren zwei Schreibtische drin und zwei Schränke. Vor mir war schon ein Mädel da, das war meine Schreibkraft, bis die Lies dann geheiratet hat. Dann habe ich eine neue Schreibkraft gesucht, die Leni, die ist später meine Frau geworden. Da war ich bis 1950, dann bin ich zu der Regierung gekommen, aber das ist für mich kein Arbeitsplatz nicht gewesen. Ich war in der Schulabteilung, da habe ich bloß versetzt und beerdigt und in Rente geschickt und befördert und krank

Reinhold Heigl auf dem Weg zum Vorstellungsgespräch bei der Regierung der Oberpfalz, 1951. Das Foto nahm ein Berufsfotograf vor der Steinernen Brücke in Stadtamhof auf.

gemeldet und gesund gemeldet. Ich habe die Leute alle nicht gekannt und nicht gesehen und nicht gehört und gar nichts. Da wäre ich gestorben, wenn ich da bloß den ganzen Tag am Schreibtisch gesessen wäre. Dann bin ich aufs Landratsamt, und da war ich 23 Jahre. Da bin ich gleich in die Lohn- und Gehaltsabteilung gekommen, dann an die Kasse, habe ich zu der Personalstelle gehört, das war wirklich ein schönes Arbeiten da. Aber es hat nichts geholfen, weil mein Sehvermögen dann so gering geworden ist, dann bin ich nicht ins Beamtenverhältnis übernommen worden.
Reinhold Heigl, Gemeindeschreiber,
Jahrgang 1926

Ich bin der einzige Nicht-Fotograf in der Familie. Der Großvater war Fotograf, mein Vater war Fotograf, dessen Bruder war Fotograf, der Sohn vom Onkel ist Fotograf, der hat geheiratet, dessen Sohn ist auch Fotograf. Zu mir hat mein Vater gesagt, daß die Fotografie schlecht ist, um eine Familie zu ernähren. Das war nach dem Krieg. Zwei Familien mußten schon vom Fotogeschäft leben, die von meinem Vater und die von meinem Onkel. Nach dem Krieg hatten die Leute andere Sorgen, als zum Fotografen zu gehen. Später, als das Ganze ein bißchen besser geworden ist, haben sich viele Leute einen Fotoapparat gekauft und selber Bilder gemacht und geglaubt, die sind genauso gut wie vom Fotografen. Das war bis in die fünfziger Jahre hinein, wo es nicht so gut war mit der Fotografiererei. Und da hat mein Vater gesagt: »Komm, mach etwas anderes.«
Werner Graggo, Luft- und Raumfahrttechniker,
Jahrgang 1942

Wir arbeiten heute noch Samstag, Sonntag und Feiertag, es gibt keine Freizeit. Wir sind ein Saisonbetrieb hier, und da ist, solange die Zuckerfabrik besteht, immer Samstag, Sonntag und Feiertag gearbeitet worden. Das ist einmalig in Europa, das gibt es nur noch in der Zuckerindustrie. Aber es ist halt einfach so Tradition. 1968 habe ich hier angefangen. Man hat halt mehr verdient, weil wir durch die Stunden viel bringen. In den jungen Jahren habe ich immer gedacht: »Nach der Lehre höre ich auf, ich bin doch kein Narrischer, daß ich Samstag, Sonntag in die Arbeit gehe«, aber man gewöhnt sich dran. Weil die Leute auch wollen, daß sie ein Geld verdienen, und sagen: »Ich will es nicht abfeiern, ich will das in Geld sehen.«
Walter Erhard, Dreher und Betriebsratsvorsitzender,
Jahrgang 1945

Freizeit und freie Zeit:
Dult, Donaustrand, Discos, Demonstrationen

Fragt man die Regensburgerinnen und Regensburger nach ihren Hobbys, wird schnell deutlich, wie sehr sich Freizeitgestaltung von Generation zu Generation unterscheidet. Während für die Jugendlichen in den 1950er Jahren die Tanzstunde besonders wichtig war, erinnern sich die später Aufgewachsenen gern an Kneipenbesuche und Studentenfeste. Neben dem unbeschwerten Vergnügen engagierten sich viele der Interviewpartner auch im politischen, kirchlichen und sozialen Bereich. Daß sich dieses Engagement oft in der knappen Freizeit abspielte, erlaubt die vielleicht gewagt anmutende Nebeneinanderstellung von Erzählungen über die Arbeiterbewegung der 1920er Jahre, über die katholische Landjugend der 1950er Jahre und über Demonstrationen gegen die Wiederaufbereitungsanlage in Wackersdorf 1986.

Werner Graggo mit Mutter und Schäferhund Rolf an der Donau, um 1950.

Als ich ganz frisch eingezogen war, habe ich einen Tanzkurs mitgemacht. Das war als Rekrut überhaupt nicht üblich, ich habe eine Sondergenehmigung bekommen, daß ich dann bei der Tanzschule Russ einen Tanzkurs besuchen durfte. Die war in der Gegend vom Kneitinger, und das hat 15 Mark gekostet. Der Russ, das war ein ganz Kleiner, der ist mir bloß bis zur Schulter gegangen, aber tanzen hat der können auf Teufel komm raus.
Michael Stöberl, Buchhalter,
Jahrgang 1915

1968 hat die Uni angefangen, da war eine Veranstaltung im Kolpingsaal mit dem Degenhardt, das war dann so mein erster konkreter Eindruck, den ich damals von der Studentenbewegung bekam. Verstanden habe ich zwar damals nicht viel, aber zugehört, es war furchtbar interessant. Inhaltlich war es eine schöne Zeit, wir haben uns Gedanken gemacht über Visionen, über bessere Systeme, über Menschlichkeit, über Philosophie, Politik insgesamt. Damals war das tatsächlich Aufbruchsstimmung, das war das, was heute unter 68er läuft. Ich war auch in der Studentenschaft aktiv, damals war ja noch die Auseinandersetzung mit den bayerischen Hochschulgremien. Wobei es nicht nur die Uni war, es war damals auch Wackersdorf, also die Frage: Atomenergie oder nicht? Es ging um die Hausbesetzungen in Berlin. Hier waren auch zwei, drei Häuser besetzt, am Römling sind wir sogar von der Polizei geräumt worden. Es gab eine Demonstration, die Solidarität mit den Häuserbesetzungen in Berlin bekundet hat, da hatten wir so einen kleinen LKW

Aufruf zur Diskussion im Rahmen der Studentenbewegung, 1978. Wolfgang Holst engagierte sich damals in der linken Studentenschaft.

mit einer Anlage drauf. Wir haben Ton, Steine, Scherben spielen lassen, die sind auf dem Index gestanden von der Musik her. Dann haben wir eine Anzeige bekommen wegen Aufruf zur Gewalt.
Wolfgang Holst, Gastronom,
Jahrgang 1954

Meine erste LP war von den Les Humphrey Singers, aber ich habe eine Freundin gehabt, die damals schon Stones gehört hat, die Friederike, das war sensationell. Und Beatles. Erst haben wir den Plattenspieler von den Eltern mitbenutzt, diesen weißen mit dem Plexiglas-Deckel von Braun, das war der »Schneewittchensarg«. Später haben wir dann einen eigenen Plattenspieler gekriegt, der »Mr. Hit« war das. Dann haben wir angefangen mit Pink Floyd und so, die ganze Rockkiste rauf und runter. Und die Parties, wir waren begeisterte Knutscher, alles oberhalb der Gürtellinie, Knutschflecken bis zum Anschlag und im Sommer mit dem Nickituch rumgerannt, die Mutter hat immer gefragt: »Hast du Halsweh?« Die »Bravo« war total in und David Cassidy, das haben wir schon gehabt, die ganze Palette.
Claudia Schwerdtfeger, Volkskundlerin
und Verlagsangestellte,
Jahrgang 1960

Bei uns hat sich eigentlich alles an der Donau abgespielt, an der Hundsumkehr und an der Herzogsmauer. Abends sind wir schnell im Badeanzug barfuß raufgegangen und über die Donau geschwommen, das war unser Vergnügen. Das RT-Bad hat man sich damals nicht leisten können, das hat Eintritt gekostet. Die Schillerwiese, das war ein ganz

schönes Bad, da sind wir zum Schwimmen. Da sind wir kurz vorher rein, damit wir nichts zahlen haben brauchen und runtergeschwommen. Im Winter sind wir zum Schlittenfahren gegangen, im Stadtpark oder zum Dreifaltigkeitsberg, am Drei-Bäumerl-Berg. Und Schlittschuhfahren im Stadtpark. Mein Bruder hat Schlittschuhe gehabt, das waren Stöcklreißer, die du hingeschraubt hast mit den Schlüsseln, die haben dir dann gleich wieder die Stöckln abgerissen.
Herta Wittmann, Verkäuferin,
Jahrgang 1941

Zum Jahn-Fußballplatz bin ich am Sonntag zum Zuschauen mit Freunden. Da haben wir oft versucht, uns den Eintritt zu sparen, und sind dann hinten über so einen Zaun gestiegen. Jahn Regensburg hat damals noch in der Ersten Liga gespielt, da war immer ein Riesen-Remmidemmi, wenn Mannschaften wie der Nürnberger Club gekommen sind. Und da gab es einen Verkäufer, der auf der Aschenbahn rumgelaufen ist und Zigaretten verkauft hat. Der hat immer geschrien: »Zigaretten«, und die Leute haben dann immer »Papier« darauf gerufen.
Werner Graggo, Luft- und Raumfahrttechniker,
Jahrgang 1942

Mit einer Jungenklasse vom Alten Gymnasium haben wir vom Von-Müller-Gymnasium zusammen Tanzkurs gemacht. Die Tanzschule Wolf war beim Bismarckplatz, so ein großer Saal. Die Herren mußten weiße Handschuhe anhaben, die Mädchen saßen auf der einen Seite, die Boys auf der anderen,

Eva Watter (letzte Reihe, zweite von rechts) beim Abschlußball der Tanzschule am Bismarckplatz, 1956.

und dann war das ganz vornehm. Erst haben wir Anstandsunterricht gekriegt, wie man sich zu benehmen hat. Ich hab' mir dann meine ersten Schuhe kaufen müssen mit Absatz, weil da hat es geheißen, man kann so eleganter tanzen. Und einen schwarzen Taftrock habe ich gekriegt. Aus einem Kleid von meiner Mutter habe ich mir ein Oberteil genäht, und dann hat mir mein Vater noch eine rote Rose zum Anstecken gegeben. Wenn samstags Tanzabend war, bin ich mit meinem Bruder hingegangen, der war zwei Jahre älter wie ich. Damals war das so, daß man das Mädchen nach Hause bringen hat müssen. Jetzt wenn eine in Prüfening gewohnt hat, wer hat denn zu der Zeit ein Auto gehabt? Kein Mensch, da war mein Bruder recht froh, daß er kein Mädchen heimbringen mußte. Und ich war froh, weil ich mich dann nicht von jemand,

den ich vielleicht nicht wollte, heimbringen hab' lassen müssen.
Eva Watter, Hauswirtschaftsleiterin, Jahrgang 1939

Wir sind in den Arbeiterturn- und Sportverein gegangen an der Schillerwiese. Mein Lieblingssport war Leichtathletik und Faustball. Mit 14 Jahren sind wir in die Arbeiterjugend gekommen, da haben wir Volkstanz betrieben. Jeden Sonntag waren wir auf Wanderungen und auf Turnfesten in der ganzen Oberpfalz. Das hat uns zusammengeschweißt, weil wir dann auch bei Demonstrationszügen wie am 1. Mai mitmarschiert sind oder am Reichsarbeitersporttag. Da hat man dann einen Festzug gemacht, vom Paradiesgarten aus durch die ganze Stadt zur Schillerwiese, unser Musikchor, Trommler-

und Pfeiferchor hat da gespielt. Auf der Schillerwiese war 1923 ein großes Sportfest, die Leute saßen rund ums Podium, da gab es was zu trinken, das Essen haben die Leute selber mitgebracht. Ich hatte so einen wunderbaren Dreß mit einem Sportabzeichen, da sind zwei »F«, ein »S« und ein »T« gewesen: »frisch, frei, stark, treu« hat das geheißen.
Hans Weber, Elektriker und Bürgermeister a.D.,
Jahrgang 1912

Im Internat bei den Domspatzen war auch die Freizeit durchorganisiert, am Wochenende Pflichtspaziergänge in Zweierreihen durch den Park, Händchen haltend. Ansonsten nur viermal im Monat Ausgang in die Stadt, und zwar für eine Stunde. Da hat man einen Ausgangsschein ausfüllen müssen und das beantragen und wurde dann kontrolliert, wenn man ins Haus kam. Wenn man recht brav war, gab es einen Film am Mittwoch, Bud Spencer oder Louis de Funès. Wenn man böse war, war der Film gestrichen, konnte man sich in die Studiersäle setzen und schreiben.
Bernhard Gubo, Unternehmer,
Jahrgang 1970

Meine Schwester und ich haben Kunstlauf-Stunden nehmen dürfen, das hat uns gefallen, mit diesen dicken Wollhosen und Fellhandschühchen. »Goldstar«-Stiefel habe ich da gekriegt, ganz brettlharte Lederschlittschuhe. Leider war ich nie so begabt, hab' das dann wieder aufgegeben. Die Mutter war immer dagestanden, bibbernd mit dem Tee, die war ja immer für alles da, was wir uns eingebildet haben. Wollten wir

reiten, hat sie uns in der Früh um sechs rausgefahren nach Bruckdorf zum Stall und abends wieder abgeholt, ist drei- bis viermal diesen Weg gefahren und das sechs Wochen lang in den Ferien jeden Tag. Ich bin dann schwer gestürzt einmal am ersten Ferientag, hinten runter. Das Pferd ist aufgestiegen, und ich bin hinten runter, habe einen Tritt bekommen am Auge; ich hätte tot sein können damals, aber mein erster Gedanke war nur: »Jetzt kannst du nicht reiten.«
Claudia Schwerdtfeger, Volkskundlerin und Verlagsangestellte,
Jahrgang 1960

Das Kino in der Goliathstraße hieß »Olympia«, da gingen hohe Stufen rauf, wo man um eine Karte anstehen mußte. Als da der Film »Die Sünderin« mit Hildegard Knef anlief, war ich in der Stadt, da gab es einen Tumult mit der Polizei. Da hat man die Knef eine Sekunde lang nackt als Modell eines Malers gesehen, das waren halt in der Bischofsstadt Regensburg Dinge, die ganz brisant waren.
Edith Rölz, Finanzsachbearbeiterin,
Jahrgang 1942

Im Wirtshaus hat sich viel abgespielt. Hauptsächlich in Weichs, wir sind aber auch in die Stadt gegangen, wir sind auch keine Heiligen gewesen. Wenn wir Freitag, Samstag fortgegangen sind, sind wir um sieben Uhr abends spätestens im Wirtshaus gewesen und vor drei, vier Uhr nicht heim. Da hat sich noch mehr in der Stadt gerührt vor 30 Jahren. In Stadtamhof, da waren so Nachtlokale, »Café Lang« und der »Zinkl«, wenn das Wirtshaus zuge-

Walter Erhard beim Waldspaziergang in der Regensburger Umgebung,1960er Jahre.

Auf der Schillerwiese waren wir viel, das war ein großer Liegeplatz mit schönen Bäumen. Da bin ich mit dem Fahrrad hin, hab' ein Kind vorne gehabt im Körberl und eines hinten auf dem Gepäckträger, rechts eine Tasche mit dem Badezeug, Decken und so weiter, links eine Tasche mit dem Essen. Da habe ich einmal eine Form voll Grießauflauf gehabt, den habe ich daheim gemacht und mitgenommen, dann ging es so abwärts, und da ist er mir rausgerutscht, da war der ganze Grießauflauf am Boden, das war traurig.
Gertraud Lutz, Kindergärtnerin,
Jahrgang 1921

Meine Frau und ich waren viel im Café. In der Schillerstraße, Goethestraße, da hat es so ein Gartencafé gegeben, wo der Eingang zum jüdischen Friedhof ist. Beim »Parkcafé« im Stadtpark hat es Tanz im Freien gegeben, das war schön damals. Auch mit dem Fahrrad haben wir viele Ausflüge gemacht, zur Marienhöhe, Richtung Etterzhausen. Und im Fürstlichen Thiergarten sind wir viel gewesen. Auf der Dult haben wir Töpfe gekauft oder Tassen oder ein Tuch. Meine Frau ist geplagt gewesen mit Hühneraugen, da haben wir immer den Bimsstein gekauft und eine Schwefelseife. Und dann hat es ein Abschlußfeuerwerk gegeben und einen Zirkus.
Michael Stöberl, Buchhalter,
Jahrgang 1915

sperrt hat, ist man halt dahin gegangen. Oder das »Von der Tann«, das »Café Central«. Man ist ja kontrolliert worden auch, man ist ja erst mit 21 Jahren volljährig gewesen. Ich bin mehrmals auf der Polizei gelandet, das war schlimm dort. Wenn du ins Kino gegangen bist für Achtzehnjährige und du warst erst 17, wenn Kontrolle war, du hast keinen Ausweis gehabt, die haben dich mitgenommen, die Sittenpolizei in Zivil, in der Früh um eins oder zwei. Bist in den Minoritenweg reingekommen, Vernehmung, die Eltern angerufen, hat dich der Vater abholen können, hat er natürlich eine Riesenfreude gehabt, wenn er das hat machen müssen.
Walter Erhard, Dreher und Betriebsratsvorsitzender,
Jahrgang 1945

Meine ersten Ausflüge habe ich unternommen in die »Kinokneipe« beim »Ostentor-Kino«, ganz harmlos sind wir da drin gesessen mit einem Gwasch und einer Brezn, man hat ja nicht lang weggehen dürfen, bis zehn Uhr oder

so. Ich bin auch eine begeisterte Kinogängerin gewesen, bin drei- oder viermal die Woche in die Nachtvorstellung, zu Hause einen starken Tee gekocht, grünen oder russischen, was man halt damals so getrunken hat, dann bin ich um eins erst heim und um acht in die Schule. Und dann natürlich das legendäre alte »Jenseits« oder ins »Ambrosius«, die »Schwedenkugel« und das »Orphée«. Meine ersten Freunde, die waren älter als ich, haben schon in den Kneipen an der Bar gearbeitet, und das war höchst spannend, da jemanden zu kennen. Das »Sudhaus« war so die erste tolle Disco. Einmal waren wir im »Zap«, haben uns irgendwie reingeschmuggelt, ich bin gleich hingefallen, da ist mir dann der Absatz abgebrochen, und ich hatte einen Kicheranfall.
Claudia Schwerdtfeger, Volkskundlerin und Verlagsangestellte,
Jahrgang 1960

Meine Freundin und ich waren immer in der RT-Halle, wir waren beide Mitglieder beim Kinderturnen und dann Mädchenturnen, dann waren wir beide in der Fechtabteilung, eigentlich waren wir jeden Tag zusammen im Sportverein. Da habe ich dann auch Friesen-Dreikampf gemacht, das ist Fechten, Laufen, Kugelstoßen. Richtig gut geworden bin ich dann, als ich Leichtathletin geworden bin. Meine Eltern hatten auch ein Paddelboot, mit dem ist man dann die Naab raufgerudert, und da war immer so ein Liegeplatz, da waren wir sonntags im Sommer.
Eva Watter, Hauswirtschaftsleiterin,
Jahrgang 1939

Wir sind ins Kino gegangen am Weißgerbergraben, da war das »Revolverkino«. Ich kann mich noch erinnern an den »Weißen Traum«, das war so ein

Eva Watter bei einem Ausflug zur Walhalla mit Großmutter, Mutter, zwei Cousins und Bruder, Anfang der 1950er Jahre.

Revuefilm, der war herrlich, das Schlitt-schuhfahren im Film, oder »Die Frau meiner Träume«, schöne Revuefilme, das waren die ersten Farbfilme, dann »Das Bad auf der Tenne« mit Marika Rökk.
German Riedl, Rundfunkmechaniker-meister,
Jahrgang 1928

Früher haben wir kein Auto gehabt. Die Ausflugsorte, die waren Dreifaltigkeits-berg oder am Hochweg raus, da bis zu der Kapelle. Und dann war Ziegetsberg noch. Sonntags sind wir auch in den »Bischofshofener Keller« raus, weil die haben wir als Kundschaft gehabt, und da war ein großer Garten dabei, da war eine Musikkapelle, eine Blasmusik, und ein Kasperletheater für die Kinder und Sackhüpfen, da sind wir am liebsten rausgegangen. Dann haben wir eine Knackwurst gekriegt und ein grünes Kracherl, das war halt so gut dann.
Anton Allkofer, Bäckermeister,
Jahrgang 1924

Als junger Mann beim Militär habe ich das Schachspielen gelernt. Da war auch mein Freund Alexander dabei, und wir haben Schach gespielt und uns einge-bildet, es einigermaßen zu können. Mein Vater war in der Kriegszeit Baye-rischer Meister im Schachspielen. Dann sind wir mal nach Hause zu mir gegan-gen, und dann sagt mein Vater: »Könnt ihr schon Schach spielen?« – »Ja, frei-lich«, haben wir gesagt. Dann hat er zwei Schachspiele aufgebaut, hat sich auf die Couch gelegt, hat Zeitung gele-sen und dann blind mit uns gespielt. Wir haben ihm die Züge zugerufen, er hat den Gegenzug gesagt auf zwei Bret-tern, also zwei Partien, und wir haben überhaupt keine Chance gegen ihn ge-habt.
Werner Graggo, Luft- und Raumfahrt-techniker,
Jahrgang 1942

Mit 16 Jahren habe ich gegen die ge-plante Wiederaufarbeitungsanlage in Wackersdorf demonstriert. Ich war in der Regensburger Bürgerinitiative. Ein Freund und ich haben ein eigenes Thea-terstück geschrieben und gesungen, das führten wir dann im »Brandl-Bräu« auf. Die Stimmung am Bauzaun war sehr interessant, das war für mich eine an-dere Welt. Bei uns im Internat war alles sehr geordnet, und dort waren plötzlich Chaoten, Alternative mit komplett an-deren Ansichtsformen als ich sie kann-te. Auch die ersten Kneipenbesuche in Regensburg mit diesen Leuten, in der »Alten Filmbühne« oder im »Unterholz«, das war eine Kneipe am Ölberg.
Bernhard Gubo, Unternehmer,
Jahrgang 1970

Wenn unsere Eltern am Sonntag fort sind, hat es keine großen Ausflüge ge-geben, die sind in die Bierkeller am Rande der Stadt gegangen und haben ihr Bier getrunken und sind wieder heimgegangen. Wir sind auch nach Schönhofen gewandert, ein- oder zwei-mal im Jahr, oder wir sind in die Schwammerl gegangen, Schwarzbeeren, Himbeeren, in Prüfening, Alling oder Hohengebraching, das haben wir schon auch gemacht.
Hans Weber, Elektriker und Bürgermei-ster a.D.,
Jahrgang 1912

Bernhard Gubo vor dem Bauzaun der geplanten atomaren Wiederaufarbeitungsanlage Wackersdorf (WAA), 1986.

Ein Ausflugsort war der »Korea-Wirt«. Man ist mit dem Radl donauabwärts bis Sulzbach gefahren, und dann ging's links in den Fürstlichen Thiergarten, da ist dieses Jagdschloß der Thurn und Taxis. Ein Stück weiter gab's im Wald ein Wirtshaus, da sind die Hühner auf dem Tisch rumgelaufen, und man hat nur aus der Flasche getrunken. Und weil da die Leute hin sind, Burschen und Mädels, da gab's Tanz und Musik oder Kirchweih, hat der Pfarrer am Sonntag gewettert: »Da rennen sie alle hin. Das ist ja wie in Korea.« Kein Mensch wußte, wie es in Korea aussieht, nur daß Krieg war, der Korea-Krieg, und drum war das fortan der »Korea-Wirt«.
Edith Rölz, Finanzsachbearbeiterin, Jahrgang 1942

Wo ich Tanzkurs gemacht habe, war gerade der Beginn von Rock 'n' Roll. War das was! Da war mal in der Schule eine Veranstaltung. Meine Freundin und ich wollten zeigen, wie das früher war und wie das heute ist. Da haben zwei Menuett getanzt mit Reifrock, und dann kamen wir und haben Rock 'n' Roll vorgetanzt, da waren unsere Lehrerinnen sehr entsetzt. Wir haben den richtigen, echten Rock 'n' Roll im Tanzkurs gelernt, auch mit Überschlag und Untendurch-Ziehen, das war schon eine wilde Zeit, aber es war schön.
Eva Watter, Hauswirtschaftsleiterin, Jahrgang 1939

Ich durfte Orgel lernen, und nach der zweiten Orgelstunde war ich schon Organist in St. Theresia und dann auch im Altenheim »Saurer Gockel«. Da war ich glücklich, daß ich am Sonntag in der Früh spielen durfte auf dem Harmonium im Gottesdienst, und dafür gab es dann ein opulentes Frühstück, das kann sich heute kein Mensch mehr vorstellen, 1947, wie groß da die Not war.
Adolf Eichenseer, Bezirksheimatpfleger a.D., Jahrgang 1934

Adolf Eichenseer an der Orgel der Kirche St. Theresia, 1952.

In Mariaort war der Gruber-Wirt, da bin ich mal an einem Wochentag mit meiner Schwiegermutter hin, die hat uns besucht. Da waren außen Holzbänke und Holztische, dann haben wir uns hingesetzt, ist eine Bedienung gekommen. Dann hat sie gesagt: »Was wollen Sie denn?« Dann habe ich gesagt: »Was haben Sie denn?« Dann hat sie gesagt: »Eigentlich nichts.« Da haben wir so gelacht. Aber ich glaube, sie hat uns dann Pfannkuchen gemacht.
Gertraud Lutz, Kindergärtnerin,
Jahrgang 1921

1963 bin ich in den Vorstand der Jüdischen Gemeinde gewählt worden. Ich hatte Freunde, die in Auschwitz den Todesmarsch und Trauermarsch hinter sich hatten, und die haben mich irgendwie gesucht, weil sie gesagt haben:

»Der Rosengold, der kennt ja die Regensburger, der hat auch die Sprache von hier, den brauchen wir.« Die Freundschaft mit diesen Menschen war etwas ungeheuer Wichtiges in meinem Leben, habe noch selten so fabelhafte Menschen kennengelernt. Und seitdem habe ich als der etwas Jüngere und der etwas Deutschere versucht, diese Gemeinde wieder zu öffnen, das Ghetto also wieder aufzubrechen, was zu jener Zeit sehr, sehr schwierig war.
Juan Rosengold, Kaufmann,
Jahrgang 1923

In der neunten Klasse im Internat war ich der absolute Schafkopf-Fan mit einer eingefleischten Gemeinde von acht bis zehn, die nichts anderes im Kopf hatten als Schafkopfen und Bier trinken und Zigarren rauchen, billige Stumpen für 30 Pfennig pro Stück. Wir hatten das weitest entfernte Zimmer von unserem Aufpasser, da gab es Zockerabende bis vier Uhr nachts mit Musik und Zigarren und Chips. Wer 10 Mark gewonnen hat, war der große Sieger und am nächsten Tag Klassengespräch. Später war ich dann oft im »Kneitinger«, da weiß ich noch, wie die Halbe 2,20 DM gekostet hat, man hatte für zwei Bier 5 Mark dabei und konnte sogar noch Trinkgeld geben. Beim »Kneitinger« hat man ziemlich viele Leute kennengelernt. Jedesmal, wenn man sich wo dazu gesetzt hat, war man sofort integriert, und als Bursch kriegst du immer was spendiert, das war schon klasse.
Bernhard Gubo, Unternehmer,
Jahrgang 1970

Es gab Tanzlokale, ein wunderschönes in der Maximilianstraße mit der Jugend-

stilfassade, der »Fürstenhof«, damals war das sehr seriös, da konnte man Sonntag nachmittags hingehen. Freunde meiner Eltern haben mir das Tanzen beigebracht, weil mein Vater nicht tanzen konnte. Man ist mit Pelzschuhen und Wintermantel in die RT-Halle, das war das Zentrum für die großen Bälle, die Schwimmer und die Wasserwacht haben da ihre Bälle gehabt. Da waren zwei Kapellen im großen Saal und im kleinen Turnsaal so eine kleine Band. Da war der Ehrgeiz, daß man nie sitzenbleibt, sondern immer tanzt. Da hat man sich ein Viertel Wein gekauft und ist den ganzen Abend damit gesessen. Dann hat man abends die Pelzschuhe angezogen und die Ballschuhe in der Hand, und so ist man nach Hause gegangen. Weil meine Eltern im Osten gewohnt haben, habe ich bei einer Freundin in der Innenstadt geschlafen; deren Eltern waren nicht so streng.
Edith Rölz, Finanzsachbearbeiterin, Jahrgang 1942

Mein älterer Bruder hat in den dreißiger Jahren ein Faltboot gekauft, das war ein Blauwal-Klepper-Boot mit Segel, später hab ich selber eins gekauft, da bin ich mit unserm Buben auf der Donau nach Wien. Ich bin auch allerweil noch einigermaßen ein Ruderer, weil das Rudern halt einfacher ist für einen Blinden als wie das Faltbootfahren. Weil für einen Dreier oder Vierer mit Steuermann, da brauche ich bloß aufs Kommando gehen und sonst nichts.
Reinhold Heigl, Gemeindeschreiber, Jahrgang 1926

Ich habe viel Radio gehört, als Kind schon immer mit meinem Vater die Bundestagsdebatten. Ich konnte das ganze Kabinett Adenauer runtersagen. »Negermusik« hat man das damals geheißen, Swing. Elvis war für die Alten, die ja damals auch noch nicht alt waren, ein rotes Tuch. Das konnte man nur hören, wenn die Eltern nicht zu Hause waren.

Landjugendball im Kolpingsaal, Ende der 1950er Jahre.

Freundinnen hatten einen Plattenspieler, und zwar Mignon von Philipps, da ging immer bloß so eine Single rein.
Edith Rölz, Finanzsachbearbeiterin,
Jahrgang 1942

Ich war Gründungsmitglied der katholischen Landjugend im Landkreis Regensburg 1951. Wir haben viel gemacht, haben für den Sonntag gekämpft, mit Spruchbändern: »Wer am Sonntag rafft, für den Teufel schafft«, damals waren wir voll Idealismus. Im Kolpinghaus haben wir einen Raum gehabt, wo wir uns am Wochenende getroffen haben. Gesungen haben wir natürlich auch, und wir waren mit dem Fahrrad viel unterwegs.
Hans Renner, Landwirt,
Jahrgang 1935

Wir sind als Zehnjährige öfters mit dem Rad von Schwandorf nach Regensburg gefahren, das sind 42 Kilometer. Ich hatte einen Freund, der war auch Philatelist, und am Domplatz gab es ein Briefmarkengeschäft Baumann. Wenn wir wieder so ein Fuffzgerl oder 1 Mark gehabt haben, sind wir wieder nach Regensburg und haben uns eine Ausgabe von Dänemark gekauft – das war eine wunderbare Königin, die Ausgabe, sehr schöne Farben. Das war der erste Kontakt zu Regensburg.
German Riedl, Rundfunkmechanikermeister,
Jahrgang 1928

Dann habe ich Kabarett gespielt, drei Männer und ich und ein Klavier und eine Gitarre und ein Akkordeon, irgendwann waren wir echt die Szenekönige

mit dem »Kabarett Gelb«, Lampenfieber natürlich zum Sterben. Da haben wir ganz gute Erfolge eigentlich gehabt, so in der Hochzeit von der WAA in Wackersdorf. Wir haben mal eine ganz witzige Nummer aufgeführt, da haben wir vor der Vorstellung eine Ausweiskontrolle durchgeführt, der Kurtl hat eine Uniformmütze aufgehabt und einen Ledermantel an, und der Günter war der Kommissar in Zivil. Der Kurt ist dann in der Vorstellung ins Publikum rein und hat Fotos gemacht. Einer ist voll ausgeflippt, hat gesagt, er läßt sich nicht wieder mitnehmen: »Ihr Schweine, haut ab!« Dabei war das nur eine Spielzeugkamera. Das war wirklich phänomenal, was das auch für eine Volksstimmung war. Das Talent zum Spielen hab ich von meinem Vater, der hat als Fünfzehnjähriger Korrespondenz aufgenommen mit Zirkus Krone, weil er Clown werden wollte. Das liegt wohl ein wenig in der Familie.
Claudia Schwerdtfeger, Volkskundlerin
und Verlagsangestellte,
Jahrgang 1960

Dann gab es auch die Feste im Studentenwohnheim, mit Disco war das damals. Das war für uns als Studenten natürlich so, daß man seine Trinkfestigkeit bei solchen Gelegenheiten beweisen mußte. Und ich habe dann mit einem Freund zusammen eine Flasche Whiskey an einem Abend geleert, mit der Folge, daß ich am nächsten Tag nichts anderes wollte als sterben. Aber solche Sachen muß man auch einmal durchmachen. Es gab schöne Studentenfeste in der Mensa mit tollen Bands, wie der Ambros-Selos-Band.
Werner Chrobak, Historiker,
Jahrgang 1948

Mit dem Fotografieren habe ich angefangen, wo es die 4-Mark-AGFA-Box gegeben hat. Da hat man die Mark
hergeben müssen mit den Münzzei-
chen, wo die gestanzt worden sind,
Frankfurt, München und so. A, G, F, A
hat man abgeben müssen. Nach dem
Krieg habe ich mir eine gute Kamera
zugelegt und bin zur Fotografischen
Gesellschaft Regensburg gekommen.
Der Verein hatte seine Dunkelkammer
beim Neupfarrplatz, da hat man über
den Kohlenkeller reinklettern müssen,
und in der Dunkelkammer kannst du ja
keinen Staub gebrauchen.
Michael Stöberl, Buchhalter,
Jahrgang 1915

Meine ersten Schlittschuhübungen habe
ich am Protzenweiher absolviert, der
existiert nicht mehr, das war ein ehe-
maliger Weiher, da hat man noch Wasser dazu, und im Winter war da Eislauf.
Protzen, das sind die Frösche, so heißen die hier in der Oberpfalz. Und da
hatte ich ganz alte Schlittschuhe, von
meiner Mutter geerbt, zum Schnüren,
und da hat man die Schlittschuhe hin-
schrauben müssen.
Eva Watter, Hauswirtschaftsleiterin,
Jahrgang 1939

Eine Freundin hat mich zum Stepkurs
animiert, dann haben wir Aerobic
gemacht, dann haben wir Flamenco
gemacht, dann haben wir Bauchtanz
gemacht, wir haben also sämtliche
Bewegungstechniken eingeübt, wo man
nur mit irgendwas wackeln kann. Und
auch mit Erfolg aufgeführt, wir waren

Claudia Schwerdtfeger (Mitte) beim Cancan-Tanzen auf dem Regensburger Bürgerfest 1983.

überall wie die bunten Hunde, bei jedem Altstadtfest, bei jeder Party war irgendwas geboten.
Claudia Schwerdtfeger, Volkskundlerin und Verlagsangestellte,
Jahrgang 1960

Wie wir unseren ersten Radio angeschafft haben, das war unter dem Krieg, 1940, da haben wir 24 Mark dazugezahlt. Mein Gott, war das eine Gaudi, und der Vater wollte kein Radio haben. Und dann habe ich hernach noch Träume gehabt, daß ich den Radio abgeschafft habe und der Takt, der hat noch weiter gespielt, das war ein Alptraum. Ich habe jetzt auch bloß einen Transistorradio, ich tue keinen Fernseher her, da komme ich nicht recht mit. Lieber setze ich mich hin, stricke irgendeine Handarbeit oder sowas, das ist meine größte Freude.
Betta Krön, Finanzbuchhalterin,
Jahrgang 1922

Meine Frau habe ich in Regensburg auf dem Ball kennengelernt. Früher war in der RT-Halle immer ein landwirtschaftlicher Ball, und meine Frau war Lehrling am Aigenhof bei der Pfarrei Pettendorf, Gemeinde Pielenhofen. Und nachdem die Leute vom Aigenhof auf den Ball gegangen sind, war es selbstverständlich, daß sie ihren Lehrling mitgenommen haben. Ich hab' zuerst den Stall machen müssen und bin sehr spät in die RT-Halle gekommen, da war es schon zehn Uhr. 1957 war das. Da ist oben so eine Balustrade bei der RT-Halle, und da habe ich mir von oben die Leute angeschaut, das war auch immer so eine Art Heiratsmarkt. Bei solchen Bällen haben die Bauern ihre Töchter

schön herausgeputzt und mitgenommen, weil sie für sie einen Mann gesucht haben. Und dann saß ein Mädchen da hinten, die hat gar nicht sehr glücklich dreingeschaut. Erstens mal hat sie niemanden gekannt, und die drumherum gesessen haben, die haben ihr anscheinend auch nicht gefallen und die haben sich auch nicht zum Tanzen aufgefordert. Dann habe ich sie zum Tanzen geholt, und dann habe ich die ganze Nacht mit ihr durchgetanzt.
Hans Renner, Landwirt,
Jahrgang 1935

Abwechslung vom Alltag: Feste feiern

Weihnachten und Faschingsumzug, Fronleichnamsprozession und Hochzeitsfeier sind
Ereignisse, die vielen Regensburgerinnen und Regensburgern lebhaft in Erinnerung
geblieben sind. Das Unbehagen vor dem Nikolaus, der ersten Beichte und vor dem
Familienfoto unterm Christbaum kommen in diesem Kapitel ebenso zur Sprache wie
die Freude über familiäre Geselligkeit, den Geburtstagskuchen und den Faschingsball. Daß auf dem weihnachtlichen Gabentisch oft nur Nüsse und Äpfel lagen und bei
der Kommunion das Wichtigste die große Kerze war, trübte die Freude über die
Feierlichkeiten keineswegs. Durch die Erzählungen wird deutlich, wie sehr sich der
Umgang mit Festen im Lebenslauf und im Jahreslauf geändert hat.

Werner Graggo prostet seiner Oma an Weihnachten 1951 zu.

Ich hab sehr lange an den Nikolaus geglaubt und hab' auch lange Angst vor ihm gehabt. Weil ins Haus kam so ein Wilder, nicht der Heilige Nikolaus, sondern der ist einer gewesen mit einer Eisenkette, die er gerade noch ziehen konnte, dann ist er in den ersten Stock rein, ich bin hinter dem Tisch gewesen, hat er mich vorgezogen und in den Sack rein und alles, da darf ich gar nicht daran denken. Weihnachten war für mich ein Pappendeckelteller, Nüsse, ein paar Orangen drin gewesen und eine Banane oder ein Schokolad. Und dann ein Spielzeug, ich hatte so eine Eisenbahn, die wo man selbst aufziehen hat können, das war so ein runder Kreis, das war alles, da hat es nichts so gegeben. Weihnachten sind wir dann spazierengegangen, oft mittags bis nachmittags, vier, fünf Uhr. Und wenn wir heimgekommen sind, hat es eine Glocke im Haus gegeben, die hat für alle gegolten, und wenn du reingekommen bist, haben am Christbaum die Kerzen gebrannt, das war schon schön.
Walter Erhard, Dreher und Betriebsratsvorsitzender,
Jahrgang 1945

Der Nikolaus ist immer zu uns in die Wohnung gekommen, da sind die ganzen Kinder vom Haus dagewesen. Da haben wir eine Bekannte gehabt, und wir haben gewußt, daß das der Nikolaus ist, aber wir haben die geforchten. Alle Kinder sind ganz still auf der Couch gesessen, dann hat ein jedes vorgehen müssen zu ihr. Die hat schon die Treppe raufgepoltert, das war ein ganz böser Nikolaus. Zu Weihnachten habe ich jedes Jahr dieselbe Puppenküche gekriegt. Das Jahr über haben wir sie nicht gehabt, kurz vor Weihnachten ist sie wieder aufgestellt worden und ein bissel was Neues reingekommen. Am Heiligen Abend hat es immer Würstl gegeben, am ersten und zweiten Feiertag eine Gans, die hat zwei Tag reichen müssen. Für Silvester sind Orangen und Rum eingekauft worden, und da hat es dann einen Punsch gegeben, den hat die Mama so gut gemacht. Da sind dann die Freunde von meinem Bruder gekommen und meine Freundinnen, und alles hat sich bei uns abgespielt.
Herta Wittmann, Verkäuferin,
Jahrgang 1941

Weihnachten war ein Greuel. Das verlief so, daß ich den Baum anhängen mußte, Lametta, jedes Blatt einzeln ausstreifen. Und dann mein Vater mit seinem Fotografierfimmel: Da wurde das Magnesiumpäckchen, man brauchte ja Blitzlicht, am Türstock befestigt und davor der Fotoapparat, dann ist er über das Stativ gefallen, weil er ja auch noch auf das Bild wollte, und dann hat man angezündet, da hat es so einen Lichtblitz gegeben, dann war der Türstock schwarz. Das war noch so eine Kamera mit Ziehharmonika vorne dran. Das war immer eine Prozedur, bis die Bilder standen an Weihnachten, da ist uns schon das Lächeln eingefroren.
Edith Rölz, Finanzsachbearbeiterin,
Jahrgang 1942

An Weihnachten war das Wohnzimmer geheizt, und der Christbaum stand im Eck, und drunter war die Krippe aufgebaut. Und wir haben am Heiligen Abend zuerst was gegessen, auf d' Nacht hat es Würstl gegeben oder Fisch, und nach dem Essen haben wir stehend einen Rosenkranz gebetet und anschließend,

Edith Rölz posiert mit Mutter und Bruder für das weihnachtliche Familienfoto, 1961.

weil es ja viele Verstorbene gab, für jeden Verstorbenen, die letzten 50 Jahre, für die Kattl, für die Nandl, und was weiß ich, wie sie alle hießen, ein Vaterunser und ein »Gegrüßet seist du, Maria« und »Der Herr geben ihnen die ewige Ruhe«. Und für die armen Seelen dann noch fünf Vaterunser, so hat sich das natürlich schon in die Länge gezogen, da war es nicht warm im Hausflez. Dann durften wir erst ins Wohnzimmer rein, und am langen Tisch sind dann die Geschenke verteilt worden, für jeden hier am Hof irgendwas, was man halt an notwendigen Sachen gebraucht hat. Die Mädeln haben ein Kleidungsstück gekriegt, oder, wenn sie noch jung waren, eine Bettwäsche, und die Männer haben ein Paar Schuhe gekriegt. Dann hat es Punsch gegeben. Um elf oder zwölf war dann die Mitternachtsmesse, sind wir dann alle gegangen,

einer hat jedes Jahr daheim bleiben müssen, aufpassen, damit nichts passiert. Mein Schaukelpferd ist jedes Jahr neu gestrichen worden, hat neue Ohrwaschln gekriegt, so Lederlappen, und dem Gaul haben sie ein Stück vom Schwanz abgeschnitten, da hat es jedes Jahr einen neuen Schwanz gekriegt, und das hat es jedes Jahr aufs neue unter dem Christbaum gegeben.
Hans Renner, Landwirt,
Jahrgang 1935

An das erste Weihnachten, wo ich mich noch erinnern kann, 1926, da war der Christbaum in der Küche am Boden gestanden, zwischen dem Buffet, dem Küchentisch, dem Kanapee und dem Ofen. Einmal bin ich dann hingekommen, dann hat die Schürze Feuer gefangen, der Vater hat es gerade noch

Gertraud und Irmengard Kunst, die einer Tante im Altersheim ein Geburtstagsständchen bringen, 1928.

Was haben wir an Weihnachten gekriegt? Einen Papierteller, einen bunten, mit Platzln und Nüssen und Orangen, dann haben wir Sachen gekriegt für die Schule, Schreibhefte und bunte Stifte, und dann halt ein paar Spielsachen, »Mensch ärgere dich nicht«. Aber wir haben eine große Freude gehabt, wenn es auf Weihnachten zuging.
Hans Weber, Elektriker und Bürgermeister a.D.,
Jahrgang 1912

Wenn Weihnachten war, haben wir das Kindermärchen angeschaut im Stadttheater und durften die Stunden vor der Bescherung zur Oma. Meine Eltern haben solange alles hergerichtet, den Baum geschmückt, und dann hat uns der Papa abgeholt, und wir sind nach Hause gefahren. Es hat immer geschneit, dann ist man heim zur Bescherung. Da gab es immer Sekt und meistens Karpfen, Krabbencocktail in den Siebzigern und Karpfen blau. Der Fisch, da hat es mir immer so gegraust, dem hat es die Augen immer so rausgedruckt. Wie kann man denn den armen Fisch essen? Der Vater hat später, wie wir schon größer waren, so schöne Gläser gehabt, rotes Rauchglas wie bei James Bond, Kelche mit Sekt. Und dann gab es ganz obligatorisch im Radio, in »Bayern 1«, das Glockenläuten aller berühmten Kirchen und Dome in Deutschland oder international, das haben wir immer gespielt vor dem Essen, so um sieben. Und das war klasse, weil der Papa hat immer mitgeraten: »Jetzt paßt auf, jetzt kommt Köln«, dann der Sprecher wieder: »Speyer«, es war immer gerade daneben. Gesungen haben wir nie, geheult haben wir alle, die Oma und die Mama. Als Kind habe

gesehen und ist mit der Hand drüber gefahren. In Stadtamhof haben wir einen ganz großen Baum gehabt, weil die Zimmer groß waren, da haben wir die oberen Zuckerkringeln nicht runtertun können. Meinen ersten schönen Puppenwagen habe ich gekriegt und eine große Puppe, die war von meiner Mutter daheim, und eine alte Puppenküche, die hat meine Großmutter schon als Kind gehabt. Meine Mutter hat sehr gut Klavier gespielt, da haben wir dann »Stille Nacht« gesungen, und hernach haben wir erst zu den Geschenken gehen dürfen, und danach haben wir noch gemeinsam gegessen, meistens heiße Wurst. Mein Bruder hat einen Zeppelin gekriegt, den hat mein Vater dann an der Decke festgemacht, damals ist der Zeppelin aufgekommen.
Betta Krön, Finanzbuchhalterin,
Jahrgang 1922

ich das nie verstehen können, wie man da heulen kann an so einem schönen Tag wie Weihnachten, heute geht es mir genauso. Um neun hat sich mein Vater schon hingelegt und geschnarcht, weil er schon so kaputt war, und wir Mädels haben halt dann die Geschenke ausgepackt. Es war halt immer schon sehr schön, sehr feierlich.
Claudia Schwerdtfeger, Volkskundlerin und Verlagsangestellte, Jahrgang 1960

Weihnachten ist ja für Kinder eine faszinierende Geschichte, und ich hatte noch dazu ein Kindermädchen, die Theres, die war sehr katholisch. Jetzt kam Weihnachten, und da haben wir dann einen Christbaum gemacht, eigentlich nur für die. Und wir feiern ja im Advent auch ein Lichterfest, Chanukka, das geht über acht Tage, da hat man einen achtarmigen Leuchter und zündet jeden Tag eine Kerze mehr an. Und das haben wir natürlich auch gemacht, wir haben Weihnachten gemacht und haben das auch gemacht. Ich bin in der Beziehung unproblematisch aufgewachsen. Die Theres hat mich auch jeden Sonntag gepackt, wenn die Eltern noch geschlafen haben, und ich bin mit ihr in die Kirche gegangen; ich meine, das Vaterunser kann ich sehr gut.
Juan Rosengold, Kaufmann, Jahrgang 1923

Die Kommunion war bei uns nicht so ein Fest als wie heute. Das war bei uns ganz einfach, wir sind da in die Schule in Rheinhausen, haben uns versammelt, und dann sind wir in die Rheinhauser Kirche marschiert, da sind wir halt in den Bänken drin gewesen und sind rei-

henweise nach vorne marschiert, eine große Zeremonie war das nicht. Ich hab' höchstens geschimpft gekriegt, weil ich von der Kerze die Wachstropfen an der Achsel droben gehabt habe. Den Anzug habe ich neu gekriegt, da war in der Stadt drin ein Geschäft, »Zum Propheten« hat das geheißen. Das war ein Jude, ein ganz kleines Geschäft, wenn man bei der Dompost das kleine Gasserl zum früheren »Merkur« geht.
Reinhold Heigl, Gemeindeschreiber, Jahrgang 1926

Mein Kommunionkleid ist vom Brautkleid meiner Mutter geschneidert worden. Mein Onkel hat noch aus früheren

Reinhold Heigl bei seiner Kommunion, 1936.

Zeiten so eine richtig schöne, dicke, fette Kerze gehabt, und die habe ich dann gekriegt, da war ich so stolz, weil ich eine richtige schöne Kerze gehabt habe. Auch wenn ich an die Geburtstage denke, wenn man da einen Kuchen gekriegt hat, das war schon was Faszinierendes. Oder Weihnachten: selbergestrickte Mütze und selbergestrickte Handschuhe, neue Kleider für die Puppe, also keine neue Puppe, sondern neue Kleider für die Puppe, und man war trotzdem zufrieden. Oder an Nikolaus, wenn man ein paar Äpfel gekriegt hat und Nüsse und solche Sachen, Orangen hat es sowieso nicht gegeben.
Eva Watter, Hauswirtschaftsleiterin, Jahrgang 1939

In den Gottesdiensten vor dem Kommunionsonntag wurde immer Reklame für unser Fotogeschäft gemacht, da hat mein Vater so Zettel drucken lassen. Eines Tages, ein Montag, kriegt mein Vater einen Anruf von einem Pfarrer, der sagt: »Herr Graggo, da kommen gerade die Eltern von einem Kommunikanten, die bringen Ihr Sparbuch. Sie haben anscheinend, wie Sie Ihre Reklamezettel verteilt haben, Ihr Sparbuch mit ausgegeben.« Das war typisch für meinen Vater, der immer ein bißchen zerstreut war und seine Gedanken überall hatte.
*Werner Graggo, Luft- und Raumfahrttechniker,
Jahrgang 1942*

Herta Wittmann lächelt nach ihrer Kommunion im Jahre 1951 für den Fotografen.

Die Kommunion war ein Festtag. Das war in der Herz-Jesu-Kirche. Und das Kommunionkleid, das war gebraucht und ist gleich wieder verkauft worden, das hat dann ein Mädel von der Lederergasse ein Jahr darauf gekriegt. Und für die Kerze, das hat ja alles einen Haufen Geld gekostet, die war so schön, da hat die Mutter gespart. Da haben wir dann in dem Zimmer gesessen, und da ist gefeiert worden. Das Jahr darauf ist dann Firmung gewesen, da war meine Cousine Firmpate. Da habe ich dann meine erste Uhr gekriegt. Und zum Kaffeetrinken habe ich von meiner Firmpatin eine Torte vom Café Dolzer in der Keplerstraße gekriegt, das war so ein großes Gebetbuch und oben drauf Marzipanrosen, das weiß ich noch gut. Die war so schön, die Torte, die habe ich dann aufgehoben, und die hat niemand anschneiden dürfen. Und dann nach acht oder zehn Tagen wollte ich sie anschneiden, und dann war sie sauer. Da war ich natürlich dann ganz

Konfirmandinnen und Konfirmanden auf dem Weg in die Neupfarrkirche, 1956. Werner Graggo ist im Bildvordergrund in der Reihe vor den Mädchen zu sehen.

traurig, daß ich meine Torte nicht gegessen habe.
Herta Wittmann, Verkäuferin,
Jahrgang 1941

Die Kommunion haben wir daheim gefeiert. Im gleichen Jahr habe ich noch Firmung gehabt, und zwar in der St.-Mang-Kirche, da war nachmittags schon in der St.-Mang-Brauerei eine Filmvorführung vom »Zwerg Nase«, und da bin ich wegen meiner Schwerhörigkeit nicht recht mitgekommen, aber daheim haben wir das Bücherl gehabt. Der »Zwerg Nase« hat mir so leid getan, weil da war eine Hexe, die hat so eine verunstaltete Nase gehabt, und er hat sie verspottet, nachher hat die Frau gesagt: »Zur Strafe

kriegst du auch so eine Nase.« Bei der Tante Liesl haben wir dann zu Mittag gegessen, da hat es Rindfleisch gegeben und Gemüse.
Betta Krön, Finanzbuchhalterin,
Jahrgang 1922

Große Geschäftszeiten waren natürlich Kommunion, Konfirmation und Priesterweihe. Da war ich einmal mit meinem Vater bei so einer Fotografiererei, der hatte die Erlaubnis, die Priesterweihe im Dom zu fotografieren. Da waren wir hinter dem Vorhang gestanden, wo der Bischof gesessen ist. Ich hab' meinen Vater immer bewundert, die ganze Kirche war voller Leute, da waren der Bischof und die kirchlichen Würdenträger. Diese Priester liegen doch dann am Boden, das ist so eine feierliche Stimmung gewesen. Mein Vater ist da rausgegangen, als wäre nichts, und hat fotografiert. Ich mußte ein Kabel halten oder ein Licht, und mir war das eher peinlich. Hinterher mußte es irrsinnig schnell gehen, da gab es im Priesterkolleg ein Essen für die Angehörigen. Und zu diesem Essen waren schon alle Bilder fertig und sind ausgelegt worden, da konnten sich die Priesterneulinge mit ihren Familienangehörigen Bilder ankreuzen und bestellen.

Werner Graggo, Luft- und Raumfahrttechniker,
Jahrgang 1942

Ansichtskarte zur Erinnerung an die Goldene Hochzeit des Fürstenpaares von Thurn und Taxis, 1940.

Vor der Kommunion hatte man die erste Beichte, da hat man die Eltern um Verzeihung bitten müssen, mein Gott, für die »großen« Vergehen, die man halt als Kind so hat, und da habe ich mir gedacht: »Du sagst einfach gar nicht, daß du die Beichte hast, und dann kommst du um das Ganze drumrum.« In der dritten Klasse hatte man die Beichte, und in der vierten Klasse hat man die Erstkommunion gehabt. Dann habe ich mir gedacht: »Wie ist denn das jetzt, wenn Erstkommunion ist, dann hast du kein Kleiderl und keine Kerze, ach, das ist einfach, am Fronleichnam hast du sowieso ein weißes Kleid und ein Kranzl hast du auch, mit der Kerze wird es schwierig werden, aber da treibst du schon eine auf.« Ich habe nichts gesagt bis ein oder zwei Monate vor der Erstkommunion. Und dann ist eine Schulkameradin von meiner Schwester ins Geschäft gekommen und sagt zu mir: »Lieserl, jetzt hast du ja bald Erstkommunion.« Darauf meine Schwester: »Die hat doch keine Erstkommunion, die hat doch noch nicht einmal die Beichte gehabt.« Ach du lieber Himmel, jetzt geht's los. Dann hat die gesagt: »Ihr habt doch schon die Beichte gehabt.« Dann habe ich ziemlich kleinlaut gesagt: »Ja, die haben wir schon gehabt.« Sagt sie: »Voriges Jahr schon.« Dann war großes Erstaunen, warum ich nichts gesagt habe, und dann war das mehr oder weniger mein Glück. Dann habe ich ein anderes Kleid gekriegt und eine Kerze dazu.

Elisabeth Allkofer, Fachlehrerin,
Jahrgang 1926

Die Hochzeit von der Fürstin Gloria habe ich mitgekriegt, am Emmeramsplatz habe ich mir das angeschaut. Da war sie noch grundsolide, war hübsch

anzusehen. Ich bin dann auf der Westseite gestanden, und die sind dann da
rausgekommen, haben wir hernach ein
Freibier gekriegt, das war eine schöne
Sache. Damals haben sie so Spezial-
glasl zur fürstlichen Hochzeit verteilt,
habe ich auch eines mit heimgebracht.
War alles auf den Füßen, ein Mords-
spektakel. Weil der Fürst damals doch
schon 52 Jahre alt war, und die Gloria
war nicht einmal 30.
Hans Renner, Landwirt,
Jahrgang 1935

Ich heiße Reinhold mit Vornamen. Damals ist das Kind von der Hebamme
noch zur Taufe getragen worden, weil
so viele Kinder gestorben sind. Dann
hat der Pfarrer gesagt: »Reinhold ist
kein richtiger Heiliger.« Deshalb heiße
ich mit zweitem Namen Leo. Meine
drei ältesten Schwestern haben bereits
am 29. September 1929 dreifache Hochzeit gefeiert, da war ich drei Jahre, das
erste Mal auf einer Hochzeit. Da waren
aus der Nachbarschaft Mädchen, die
waren fünf oder sechs Jahre alt und
haben den Schleier getragen. Die haben dann zwei Stück Torte gekriegt
und ich bloß eins. Das habe ich ihnen
immer noch vorgehalten, weil die haben keine Zeit gehabt, daß sie sich um
mich gekümmert haben. Das war ein
großer Saal, der »Schrödl-Saal« in Rheinhausen, da waren sehr viele Leute gela-
den, weil das ja ganz was Seltenes war,
das kommt nicht oft vor, daß drei Mädchen gleichzeitig heiraten.
Reinhold Heigl, Gemeindeschreiber,
Jahrgang 1926

Wir haben eine große Hochzeit gefeiert
beim »Schmaus-Wirt« in der Lederer-

Herta und Sepp Wittmann bei ihrer Hochzeit 1961,
die sie in der Lederergasse beim »Schmaus-Wirt«
feierten.

gasse, da waren wir 80 Leute, auf d'
Nacht 120. Das war eine ganz tolle Hochzeit, und da sind auch von meinem
Mann die ganzen Fußballer gekommen, und da ist gefeiert worden. Mein
Schwiegervater hat mich dann in der
Nacht mit dem Gogomobil heimgefahren, wir haben ja schon hier gewohnt.
Das war am Samstag, und am Sonntag
hat mein Mann gesagt, wir können
nicht fortfahren, weil er muß Fußball
spielen. Habe ich mir gedacht: »Gibt es
keine Hochzeitsreise, fahren wir am
Montag.« Wir fahren an den Königssee
nach Berchtesgaden, sind wir mit dem
Zug gefahren, weil Auto haben wir damals noch keines gehabt. Dann hat er
die Schwester gehabt, die war neun
Jahre jünger, jetzt hat die gesagt, sie

möchte da mitfahren. Ja, wie mein Mann ist, sagt er ja. Sind wir zu dritt auf Hochzeitsreise. Sind wir da angekommen in Berchtesgaden, jetzt hat die natürlich kein Zimmer gehabt, sagt die Wirtin: »Ist nicht schlimm, stellen wir in das Zimmer ein drittes Bett rein.« Dann hat die bei uns die acht Tage geschlafen. Und der Schwester hat's natürlich gefallen. Und dann sind wir an den Königssee, und grad schön war's. Nur daß mir das nicht so gefallen hat. Dann sind wir am Samstag heimgefahren, und dann hat mein Mann die Koffer in die Küche gestellt und gesagt: »Ich gehe jetzt, ich war acht Tage nicht daheim, jetzt muß ich zu meinen Fußballern.«
Herta Wittmann, Verkäuferin,
Jahrgang 1941

1941 haben wir geheiratet in der Cäcilienkirche in der Weißenburgstraße. Und da hat es zu der Zeit schon die Lebensmittelmarken gegeben, Essen auf Marken. Da mußte jeder seine Essenmarken mitbringen, damit wir ein Hochzeitsessen bekommen haben, das war im »Augustiner-Lokal«, im ersten Stock da. Ich glaube, es hat Schweinebraten gegeben.
Michael Stöberl, Buchhalter,
Jahrgang 1915

Wir haben '65 im Januar standesamtlich geheiratet, und kirchlich war dann erst im Oktober '67. Nach dem Standesamt waren wir neben dem Domplatz im »Kaiserhof«, da war unser Hochzeitsmahl, da waren wir nur ganz wenig Leu-

Die Hochzeitsfeier von Hans Renner und seiner Frau auf dem Hof in Rehtal, 1960.

te, meine Eltern, meinem Mann seine Eltern, seine Schwester und ihr Mann, mein Bruder. Aber es war trotzdem schön. Aber dadurch bin ich nie zu einer richtig schönen weißen Hochzeit gekommen. Zuerst haben wir gesagt: »Freunde und Freundinnen laden wir alle erst ein, wenn wir dann kirchlich heiraten«, aber wie dann kirchlich war, waren wir mitten im Hausbauen, und da haben wir hinten und vorne kein Geld mehr gehabt. Ich kann mich erinnern, nach der kirchlichen Trauung hat meine Mutter für meinen Mann und mich das Essen gezahlt, weil wir so pleite waren.
Eva Watter, Hauswirtschaftsleiterin, Jahrgang 1939

Als ich geheiratet habe, hab' ich ein Taufzeugnis gebraucht. Da mußte ich nach Hochdorf gehen und mir ein Taufzeugnis bescheinigen lassen, dann stand da drauf: »als illegitimes Kind«. Dann lese ich das und bin wieder rein zum Pfarrer, ob er sich vielleicht nicht so gut auskennt mit Schwangerschaften, meine Eltern haben 1941 geheiratet. Aber meine Mutter war evangelisch, und in der Zeit, als ich auf die Welt kam, war sie ja noch nicht konvertiert. In so einem Dorf, wo man sonntags zur Kirche ging, da hat sie sich halt doch unter Druck gesetzt gefühlt, denke ich. Und dann ist bei ihr Taufe, Kommunion, Firmung an einem Tag absolviert worden. Im Sinne der katholischen Kirche bin ich ein illegitimes Kind, weil meine Eltern nicht kirchlich getraut waren zu dem Zeitpunkt, sondern erst nach meiner Geburt, nachdem meine Mutter katholisch war, es gab ja keine konfessionsverschiedenen Ehen zu der Zeit.
Edith Rölz, Finanzsachbearbeiterin, Jahrgang 1942

Irmengard und Gertraud Kunst im Fasching 1928. »Mimerl« ging als Prinzessin, »Trauderl« als jugoslawische Bäuerin.

Wir haben immer einen Kinderfasching in der Kreuzschule gehabt. Und ich hab' dann nie ein Faschingskostüm gekriegt oder was, sondern bin dann immer als Bub gegangen und hab' von meinen Brüdern ein Gewand angehabt, so eine Lederhos'n, und mein Bruder ist immer als Mädchen gegangen, weil für so eine Maske war das Geld nicht da.
Herta Wittmann, Verkäuferin, Jahrgang 1941

Vom großväterlichen Geschäft aus haben wir immer die Faschingsumzüge angeschaut. Da hat die ganze Belegschaft, drei, vier Mitarbeiter, meine Eltern, mein Onkel und dessen Familie,

Eva Watter (Mitte), als Henker verkleidet, mit Freunden beim Fechterfasching in der RT-Halle, 1959.

durch zwei große Fenster, die auf den Neupfarrplatz runtergehen, runtergeschaut zum Faschingszug. In der Maxstraße war auch immer sehr viel los, die war total gesperrt. Das war immer eine Mordsgaudi, Musik hat es auch gegeben. Bei meinen Eltern war jedes Jahr ein Faschingsfest zu einem bestimmten Motto. Die Fotografen und Lehrlinge haben alle möglichen Kulissen gebaut und Masken gebastelt. Es gab einen »Chinesenfasching« und »Hawaii«, da ist die ganze Wohnung geschmückt worden.
Werner Graggo, Luft- und Raumfahrt-
techniker,
Jahrgang 1942

Mein allererster großer Faschingsball, da war ich zwölf Jahre alt, und das war

die sogenannte »Damenkneipe« in der RT-Halle am unsinnigen Donnerstag, da war ich als Biedermeier-Dame, und da durfte ich mit Bekannten mitgehen. Und mein Vater hat gesagt, um zwölf muß ich spätestens zu Hause sein, ich war ja erst zwölf Jahre alt. Und dann war ich mit denen dort, und da war es halt einfach schön und lustig, und alleine hätte ich ja sowieso nicht heimgehen dürfen. Und dann war es zwei Uhr, wie ich heimgekommen bin, und dann gab es aber Ärger. Aber das war faszinierend für mich, weil ich das erste Mal in einem großen Saal war, wo getanzt wird, und da waren dann auch Vorführungen, und es gab eine Tombola, und da habe ich eine Blumenvase gewonnen. Dann haben wir eine Freundin meiner Mutter dort getroffen, die hat mir dann 1 Mark geschenkt, und dafür habe ich mir dann zwei Knackwürste gekauft. Mein Mann und ich waren später immer beim Piratenball in der RT-Halle, weil das einfach *der* Ball war. Da war was los in Regensburg, und da waren tolle Masken. Und auch der Faschingszug: Von der RT aus haben wir einen Wagen gehabt, wo man da mitgefahren ist und immer gebechert hat, weil es so kalt war. Wir haben ja nicht viel andere Dinge gehabt, wenn ich mir denke, Fasching war die Zeit, wo wir uns richtig haben austanzen können, es war ja sonst nichts. In einem Jahr, da bin ich zwei Nächte nicht ins Bett gekommen, weil man einfach so spät heimgekommen ist, und dann ist man in der Früh um vier noch in die Wurstkuchl. Wenn es Samstagfrüh war, ist man gleich anschließend noch in die Karmeliterkirche gegangen, damit man seine Pflicht getan hat, da ist man dann zwar eingeschlafen, aber dann hat man

wenigstens heimgehen können. Wir waren immer eine ganze Clique, da hat man dann gesagt: »Wir treffen uns dann wieder, gehen am Nachmittag ins Kino und am Abend wieder los.« Das war schon eine faszinierende Zeit.
Eva Watter, Hauswirtschaftsleiterin, Jahrgang 1939

An Fronleichnam war Tradition, daß da die Prozession umeinander gegangen ist, das war ein richtiger Feiertag, da ist dann alles hinter dem Himmel nachgegangen, wie der Stadtpfarrer gekommen ist, und ist alles geschmückt worden. Da ist genau der Weg immer ausgesteckt gewesen: Bettelgasse, Johannesgasse, Gärtnerstraße, Holzgartenstraße, das war so ein Rundgang, und da waren verschiedene Altäre aufgebaut, und die Anwohner, die in der näheren Umgebung waren, haben das hergerichtet.

Eine Fronleichnamsprozession mit Bischof Michael Buchberger, 1930er Jahre.

Wir haben als Kinder Gras geholt und
Blumen, Blumenteppiche haben dann
manche Frauen gemacht vor dem Altar,
da ist sich sehr viel Mühe gemacht worden. Die ganzen Häuser, jedes Fenster
war geschmückt, ist so ein rotes Tuch
rausgekommen mit Goldstreifen drin
und alles mit Wiesenblumen, hat sich
schon feierlich ausgeschaut. Und in jedem Hauseingang, am Gartenzaun,
waren kleine Birken dort, das ist schon
schön gewesen. Dann ist man ins Wirtshaus gegangen, in den Garten, wenn es
schön war, und hat Bratwürste gekriegt,
das war was.
Walter Erhard, Dreher und Betriebsrats-
vorsitzender,
Jahrgang 1945

Wenn die Leute hier am Hof gestorben
sind, sind sie im Hausgang aufgebahrt
worden, bis nach dem Krieg war das so.
Dann ist die Aussegnung gewesen, dann
hat der Pfarrer den Segen gesprochen,
das war normal. Damals hat man sie
anschauen können, heute werden sie ja
bloß eingesargt, und dann kommt der
Sargdeckel drauf, und dann sieht man
niemanden mehr. Mit Toten will sich
heute keiner mehr auseinandersetzen.
Hans Renner, Landwirt,
Jahrgang 1935

Leben am Fluß:
Regensburg, seine Bewohner und die Donau

»Für mich zeichnet die Stadt der Fluß aus. Ohne Donau gäbe es kein Regensburg. Fluß heißt aber auch sehr viel Nebel und depressive Winter«, sagt ein Zeitzeuge über seine Beziehung zur Domstadt. Die meisten Menschen assoziieren mit der Regensburger Donau Badefreuden, Spaziergänge am Ufer und sommerliche Grillvergnügen auf der Jahninsel. Regensburg kann sich aber auch auf eine jahrhundertealte Handelstradition und Donauschiffahrt berufen. Die Steinerne Brücke aus dem 12. Jahrhundert ist ein Wahrzeichen der Stadt. Zahlreiche Touristen fühlen sich durch den Fluß besonders angezogen. Gleichzeitig sehen sich die Bewohner der Altstadt immer wieder mit Hochwasser konfrontiert, was den Fluß auch zur Bedrohung macht.

Eva Watter in ihrem Boot auf der Naab, 1958.

Die Schillerwiese war die erste Badeanstalt, die ich gekannt habe. Meine Mutter hat immer erzählt, daß das so schön wäre, daß man da jetzt gemeinsam baden kann, weil, als sie jung war, gab es das Frauenbad und das Männerbad, da konnten sie nur getrennt baden, und da waren so große Zäune, damit ja keiner den anderen gesehen hat. Die Schillerwiese war unsere erste Schwimmübung, da ist man oben reingegangen, runtergeschwommen, rausgegangen und wieder rauf, weil das Wasser hat einen ja mehr oder weniger runtergetrieben. In der Donau waren immer die ganzen Flunsen und Flinseln von der Kehlheimer Zellstoffabrik, da hat noch kein Mensch an Umweltschutz gedacht, das war immer so ein bissel trübe, das Wasser.
Eva Watter, Hauswirtschaftsleiterin,
Jahrgang 1939

An der Donau waren wir auch zum Schwimmen, so im Alter von acht bis vierzehn Jahren. Und dann gab es so eine Phase, wir haben dann auch Wasserski gebraucht, sind wir auch mit gefahren. Aber wir haben nie ein Boot gehabt. Freunde von uns haben eines gehabt, da ist man dann auch auf der Donau mit diesen Booten gefahren, ganz wichtig, so High-Society-mäßig.
Claudia Schwerdtfeger, Volkskundlerin
und Verlagsangestellte,
Jahrgang 1960

Es hat in Rheinhausen alle Jahre Hochwasser gegeben, vielleicht vier- oder fünfmal im Jahr. Wenn eine Zeitlang ein starkes Regenbett da war, dann ist der Regen gestiegen, dann war schon in kurzer Zeit bei uns in den Kellern das Wasser, auch im Sommer. Wenn

Eva Watter mit Mutter und Bruder beim Baden in Pielmühle am Regen, 1942. Im Hintergrund ist das Boot der Familie zu sehen.

große Überschwemmungen waren, ist natürlich das Wasser bis in die Wohnungen reingegangen. Da war Parterre oft ein halber oder dreiviertel Meter Wasser. Aber das waren die Leute gewohnt, da hat niemand gejammert, da hat alles zusammen geholfen. Wenn das Wasser gestiegen ist, das hat man genau gekannt, wenn man über den Regen geschaut hat. Auf der anderen Seite war eine Brauerei, der Auer-Bräu, die haben so eine Pferdeweide gehabt. Und wenn das Wasser rübergegangen ist über den Zaun, auf die Weide, dann war es bei uns im Haus im Keller und ist gleich durch die Steine durchgekommen. Der Hausbesitzer war ein pensionierter Lokomotivführer, der hat dann alle aufgeweckt in der Nacht, sind die Männer runter, ist der Keller ausgeräumt worden, weil da hat jede Familie ihre Kartoffeln und ihr Gemüse eingelagert gehabt.
Reinhold Heigl, Gemeindeschreiber,
Jahrgang 1926

Ich bin mit meinen Kindern immer zum Baden an die Donau gegangen. Da haben meine Söhne auch Schwimmen gelernt. Und die Strömung war schon stark. Zu meinem einen Sohn habe ich mal gesagt: »Über die Donau darfst du nicht schwimmen, so gut kannst du es noch nicht.« Hat er gesagt: »Da bin ich schon oft drübergeschwommen.« Das habe ich gar nicht gewußt.
Gertraud Lutz, Kindergärtnerin,
Jahrgang 1921

Als wir am Protzenweiher gewohnt haben, ist bei Hochwasser oft der Keller vollgelaufen. Da ist der Papa mittags heimgekommen, und da ist der Käse rumgeschwommen, da ist er runter und hat den Käse geholt. Und das Klavier von meiner Mutter ist im Wasser gestanden. Und ich kann mich erinnern, 1929, wie es einmal ganz kalt war, da ist bei der »Wurstkuchl« das Eis bis auf den Grund gefroren gewesen. Die Arbeiter haben es mit dem Pickel eingehaut, da haben sie das Eis gewonnen im Winter und haben es in ihre Bierkeller rein. Das Eis hat man kaufen können, das waren so längliche Vierecke, das ist nachher in den Kühlschrank reingekommen.
Betta Krön, Finanzbuchhalterin,
Jahrgang 1922

Wenn Hochwasser war, sind wir mit einer Zille in die Donau rein, als Kinder, und haben das Holz, alles, was da runtergekommen ist, eingesammelt für daheim. Wenn wir zum Baden gegangen sind, als Jugendliche mit 16, 17 Jahren, da haben wir Autoreifen gehabt, mit denen sind wir die Donau ganz weit nach Winzer rauf, haben die dann runtertreiben lassen, durch die Steinerne Brücke durch. Unter der Nibelungenbrücke war eine Sandbank drin in der Mitte, da hat man immer runtergeschaut und hat Fischer gesehen. Die Nibelungenbrücke war ja damals die Adolf-Hitler-Brücke, so kenne ich es als Kind noch. Wenn wir Fußball gespielt haben auf dem Fußballplatz bei der Nibelungenbrücke, dann sind wir zur Donau runter und haben Wasser getrunken aus der Donau. Und dann ist erst für uns Kinder das Schreckliche passiert, als das Milchwerk gebaut worden ist. Die haben den ganzen Dreck reingelassen, kurz oberhalb der Nibelungenbrücke, da war alles ganz weiß am Anfang. Wenn wir mit der Zille ge-

Hochwasser in Stadtamhof, 1940. Im Hintergrund ist die Dreifaltigkeitskirche zu erkennen.

fahren sind, da hat sich der Schlamm, der Müll so schnell unten am Sand angelegt, daß man das Ruder nicht mehr rausgebracht hat. Dann war die Donau für uns vergessen. Wir haben auch schwarz gefischt, dann haben wir die Fische nicht mehr gefangen, weil sie einfach verschwunden sind. Das Milchwerk hat dort dann total alles verändert. Die Fische, die man als Kind gefangen hat, kommen heute gar nicht mehr vor in der Donau. Mit einem Weidensteckerl und einem Haken dran haben wir frei Fische gefangen, gibt es heute gar nicht mehr in der Donau, alles weg.
Walter Erhard, Dreher und Betriebsratsvorsitzender,
Jahrgang 1945

'83 war ein sehr starkes Hochwasser, da haben wir am Fischmarkt gewohnt, da sind uns die Autoreifen im Keller dann schon entgegengeschwommen, weil wir die nicht rechtzeitig rausgeräumt haben. Ich war die ganze Nacht unterwegs in der Disco, bin dann heimgekommen, meine Schwester hat schon geschöpft mit der Nachbarin und hat die Pumpe aktiviert, da war aber alles schon zu spät. Ein anderes Mal hat die Polizei angerufen, ob ich einen roten Peugeot habe, der steht am Wiedfang. Da ist ein einziges Auto noch dagestanden, das war meines, der Fahrgastraum schon voll mit Wasser. Dann haben meine Schwester und ich in einer beispiellosen Aktion, wie bei der Camel Trophy, mit Gummistiefeln und Seil das Auto abgeschleppt, rausgezogen mit ihrem Fiat. Weil der Polizist hat gesagt: »Ihr Auto können Sie bald in der Schleuse in Deggendorf rausfischen.« Da war ich auch wieder unterwegs bis früh in der Disco, die Schwester hat mich gerüttelt und gesagt: »Die Polizei

ist da.« Sage ich: »Was ist denn schon wieder?« Dann haben wir das Auto noch gerettet. Mein Vater ist manches Mal als Lehrbub mit dem Faltboot in die Arbeit in der Thundorferstraße gefahren und am Hauseingang aus dem Boot gestiegen, das muß man sich mal vorstellen.
Claudia Schwerdtfeger, Volkskundlerin und Verlagsangestellte, Jahrgang 1960

Früher, das Hochwasser, da war die ganze Straße überschwemmt. Wir Kinder sind im Waschtrog oder in der alten Blechbadewanne gefahren und haben Boot gespielt. Lauter Wasser. Da bist du auf den Stegen umeinandergelaufen, die aus den Häusern haben alle geschimpft. Uns in der Holzlände geht es jetzt genauso, beim Hochwasser kommen die ganzen Neugierigen, da schimpfst du auch: »Die haben ja nichts zu tun als Zum-Haus-Hereinschauen!« Das erste Hochwasser, was ich in dem Haus erlebt habe, ich hab' gemeint, ich flippe aus, ich hab' nur geweint und geweint. Wenn das Wasser zurückgeht, dann ist alles voll Dreck und voll Schlamm, dann kommen die Ratten, dann die Mäuse. Du lebst mit dem Hochwasser. Mittlerweile haben wir schon drei Hochwasser gehabt. Das weißt du gar nicht mehr anders. Das Wasser geht zurück, du mußt schauen, daß wieder alles austrocknet, wir haben ja keine Keller, in der ganzen Holzlände nicht. '92 an Weihnachten, da ist das Wasser auch ziemlich schnell gekommen, und mein Mann war in Nürnberg, ich war allein, jetzt habe ich Angst gehabt, was ich machen soll, wenn das Wasser von vorn und von hinten kommt. Dann läufst du zum Nachbarn und sagst: »Was tun wir?« Hängen wir die Haustüre aus, und die Sandsäcke richten wir her, und dann mußt du warten, bis es kommt, das kannst du nicht aufhalten. Das letzte Hochwasser, wo das schwere war, da haben vielleicht noch 20 Zentimeter gefehlt. Wie alles schon vorbei war und es wieder zurückgegangen ist, war ein schweres Gewitter, und dann hat es der Kanal nicht mehr gefaßt. Innerhalb einer halben Stunde war die Keplerstraße und die Holzlände überflutet, und dann ist es genau bis an die Haustüre gegangen.
Herta Wittmann, Verkäuferin, Jahrgang 1941

Ich kann mich an ein Hochwasser erinnern, da waren in der Keplerstraße Ste-

Herta Wittmanns Ehemann Sepp mit Sohn Josef vor dem Haus an der Holzlände, 1965. Wegen des Hochwassers wurden für die Anwohner der Donau Stege gebaut.

Claudia Schwerdtfegers Uropa als Kapitän auf der Donau, um 1919.

oft erzählt. Meine Uroma war eine ganz Wilde und ist immer umgezogen, er ist dann oft heimgekommen von seiner Reise vom Schiff, dann hatte sie wieder einen Zettel hingehängt, wo sie hingezogen war. Zu meiner Mama hat sie immer gesagt: »Sei gescheit und heirate einen Schiffsmann, weil der ist das ganze Jahr nicht daheim.« Die muß ultra lebenslustig gewesen sein, trotz ihres einsamen Strohwitwendaseins. Der Uropa hat auf so Lastkähnen gearbeitet. Und es gibt Fotos von ihm, der hat Ohrringe getragen mit kleinen Mohren aus schwarzem Stein.
Claudia Schwerdtfeger, Volkskundlerin und Verlagsangestellte, Jahrgang 1960

ge aufgebaut, da stand sogar bei uns am Anfang der Albansgasse das Wasser, und das war faszinierend, wie man über diese Stege marschiert ist, und alles war voll Wasser. Und irgendwann war dieser Eisstoß, da konnte man über die Donau gehen. Angst hat mir das nicht gemacht, aber ich war eigentlich nie wasserscheu, vielleicht spielt das eine Rolle.
Eva Watter, Hauswirtschaftsleiterin, Jahrgang 1939

Der Mann von meiner Uroma war Kapitän beim Bayerischen Lloyd und Schwarzmeerkapitän, der ist auf der Donau bis ins Schwarze Meer regelmäßig gefahren. Von dem haben sie mir

Zwischen Prüfening und Bibione:
Straßenverkehr und Reisefieber

Viele Regensburgerinnen und Regensburger können sich noch an die Trambahn erinnern, die von Prüfening nach Stadtamhof fuhr, oder an das »Walhalla-Bockerl«, eine Schmalspur-Eisenbahn auf der Strecke von Regensburg nach Wörth. Das wichtigste Fortbewegungsmittel in der Nachkriegszeit war das Fahrrad, mit dem weite Strecken zur Arbeit oder bei Wochenendausflügen zurückgelegt wurden. Mit dem ersten eigenen Auto verbinden sich für viele Menschen aufregende Erinnerungen an rasende Geschwindigkeit und unberechenbare Technik, holprige Straßen und Urlaubsreisen im vollgepackten VW-Käfer. Besonders die männlichen Zeitzeugen erzählen gerne von ihrem ersten fahrbaren Untersatz, der es möglich machte, die Grenzen der häuslichen Umgebung zu verlassen.

Eva Watter mit Cousin, Mutter und Tante im »Walhalla-Bockerl«, 1954.

Die Trambahn ist eingleisig gefahren. Die letzte Station war Prüfening. Die ist durch das Jakobstor und hat immer eine Ausweichstelle gehabt, da mußte sie halten, und dann ist die andere entgegengekommen, dann ist sie wieder weitergefahren. Einmal bin ich mit meinem kleineren Sohn gefahren, wir sind ausgestiegen, und da hat er seine Handschuhe liegenlassen. Der Trambahnschaffner hat scheinbar an unseren Gebärden gemerkt, daß wir was liegenlassen haben, er war schon angefahren, dann hat er wieder gehalten, und wir haben nochmal reingehen können und die Handschuhe holen, so gemütlich war das.
Gertraud Lutz, Kindergärtnerin,
Jahrgang 1921

Gertraud Lutz mit ihrem Mann und den beiden Söhnen beim Fahrradausflug, Ende der 1940er Jahre.

Bei uns hat als erstes mein älterer Bruder Sepp ein Fahrrad gehabt, weil er, wenn er auswärts gearbeitet hat, mit dem Radl hat hinfahren müssen. Und meine Schwester, die hat am Bahnhof im Blumengeschäft gearbeitet, die ist zu Fuß gegangen von Rheinhausen, lange Zeit. Weil sie ja so wenig verdient hat, daß sie lange hat sparen müssen, bis sie ein Radl gekriegt hat. Und mit den Radln bin ich dann schon gefahren, weil mit den Damenradln hab' ich leichter fahren können. Und der Albert, mein anderer Bruder, der hat wieder ein altes gekriegt vom Sepp. Als ich als Gemeindeschreiber in Taimering gearbeitet habe, das waren 25 Kilometer von Rheinhausen, da bin ich oft am Freitag heim. Im Sommer bin ich das mit dem Radl in einer Dreiviertelstunde gefahren.
Reinhold Heigl, Gemeindeschreiber,
Jahrgang 1926

Meine Mutter hatte eine Lambretta, die hatte 125 Kubik, Spitze 60 Stundenkilometer. Mit diesem schwachen Ding bin ich dann mit einem Freund bis nach England gefahren. Über Paris bis London, Stratford-upon-Avon, und da hat es dann seinen Geist aufgegeben. Die Reise war wirklich abenteuerlich. Mein Freund Alexander hatte auf den Knien eine Tasche, und hinten war noch was drauf, man mußte ja Dinge für vier Wochen Reise dabeihaben. Da sind wir den Berg schon sehr mühsam raufgekommen. In Stratford-upon-Avon ist sie kaputtgegangen, und dann mußten wir Ersatzteile aus Deutschland kommen lassen. Wir haben zweimal geschrieben und telefoniert, aber die sind nicht gekommen. Dann ist die Schule angegangen, und der Alex ist zurückgefahren,

ich bin in England geblieben und habe gewartet. Geld hatte ich keines mehr. Ich bin immer per Anhalter an die Südküste nach Cornwall gefahren, da habe ich umsonst in der Jugendherberge gegessen und geschlafen. Am Schluß war das Ersatzteil da, und ich mußte den Besitzer von der Werkstatt noch wegen Geld anhauen. Dann bin ich zurückgefahren, das war Mitte September und sehr, sehr frisch. Da habe ich eine Decke aus der Jugendherberge in Streifen zerrissen und damit den Anorak und die Hose ausgestopft. Ich bin dann gefahren und gefahren, und bei Frankfurt ist die Lambretta wieder kaputtgegangen. In Wiesbaden hatte ich Verwandte, die sind dann gekommen und haben mich und den Roller auf die Bahn gebracht. In Regensburg ist er dann verschrottet worden. Meine Mutter war sehr froh, daß ich wieder da war.
Werner Graggo, Luft- und Raumfahrttechniker,
Jahrgang 1942

Ich bin mal mit einem im Messerschmitt-Kabinenroller mitgefahren, da war ich noch jung, und der ist gefahren, man kann sich das gar nicht vorstellen. Der ist in die Kurven rein, auf die Bremse gestiegen, dann hat es das hintere Teil von dem Ding rumgerissen, und dann hat er die Bremse ausgelassen und wieder Gas gegeben. Ich hab' gesagt: »Wenn du das nochmal machst, dann steige ich aus und steige nie wieder in das Ding ein.« Nach dem Krieg waren ja die Straßen alles Schotterwege mit mehr oder weniger tiefen Löchern drin. Ich selbst habe ein Motorrad gehabt, eine DKW, 25 Kubikzentimeter, das ist ein Mordsding gewesen. Mit 16 den Führerschein zu bekommen, war

recht schwierig, aber mein Vater kannte den Landrat und hat ihm plausibel gemacht, daß der junge Mann einen Führerschein braucht mit Sondergenehmigung. Dann habe ich den auch gekriegt, allerdings mit der Einschränkung, daß ich nicht weiter als 30 Kilometer im Umkreis fahren darf. Ich konnte also gerade noch den Landkreis Regensburg bereisen. Ab 1956 hatte ich ein Auto. Wenn ich mit dem blauen Opel Olympia durch die Lande gefahren bin, habe ich mich gefühlt wie ein kleiner König.
Hans Renner, Landwirt,
Jahrgang 1935

Unser erstes Auto war ein VW-Käfer. Damit sind wir seit 1962 jedes Jahr in den Urlaub nach Bibione gefahren. Da haben wir den Bub mitgenommen im VW. Für 14 Tage habe ich dann Dosen und Sachen mitgehabt, das ganze Essen. Wo der Kleine geschlafen hat, da haben wir dann die Wäsche aufgerichtet, und da hat er dann oben schlafen können, weil wir sind ja meistens in der Früh um zwei weggefahren. Wir haben nur den Käfer gehabt, und der hat es auch getan für uns, da hat es überhaupt kein anderes Auto gegeben.
Herta Wittmann, Verkäuferin,
Jahrgang 1941

Die Linie 1 ging nach Prüfening und Stadtamhof, von da an ging dann das »Walhalla-Bockerl« weg. Das ist die uralte Eisenbahn, die in der Berufsschule steht, mit den Holzsitzen, die ging nach Wörth. Am Wochenende waren wir oft in Tiefenthal. Mein Vater mußte um sechs Uhr früh am Montag mit der Arbeit beginnen, und der erste Zug ging

Ein VW-Käfer braust über den Neupfarrplatz, 1960er Jahre.

schon um fünf Uhr in Wörth weg. Mein Vater hat mich da immer schon auf den Zug geschmissen, und wenn die schon anfuhren, das Radl noch in den Gepäckwagen. Ich hab' immer panische Angst gehabt, daß er nicht mitkommt. Deswegen bin ich wahrscheinlich jetzt immer eine Viertelstunde früher am Bahnhof.
Edith Rölz, Finanzsachbearbeiterin, Jahrgang 1942

Ein Fahrrad hab' ich eine Zeitlang besessen, wobei das Fahrrad für mich nicht ideal war wegen dem Treten mit dem Knie – ich hatte nämlich als Student einen Skiunfall, wo ich mir im Knie die Bänder gerissen habe. Ich hab' mein Fahrrad dann als soziale Wohltat einfach an der Uni stehenlassen, und das hat sich dann ein anderer geschnappt, nachdem es längere Zeit unversperrt dagestanden ist. Dann war das Fahrrad sozusagen für einen guten Zweck, und

ich bin wieder zu Fuß gegangen, das war kein Problem.
Werner Chrobak, Historiker, Jahrgang 1948

Als Kinder haben wir uns immer gefreut, wenn Allerheiligen war. Weil meine Großeltern, die waren in Hohengebraching beerdigt. Und da sind wir immer mit dem Taxi rausgefahren, das war ein Sechssitzer. Und das war das einzige, daß wir im Jahr einmal mit dem Auto gefahren sind. Vor dem Krieg haben wir noch kein Auto gehabt, sondern nur so einen Schubkarren, so einen Wagen, damit haben wir das Brot ausgeliefert. Da sind mindestens fünf Körberl und Kisten raufgegangen. Und zwar war das interessant, die Spur von dem Wagen hat genau in das Straßenbahngleis gepaßt. Wir haben so einen Brotausfahrer gehabt als Hilfsarbeiter, der hat nicht alle Tassen im Schrank gehabt, aber er hat das gut können und war mit Begeisterung bei der Sache. Der ist genau auf dem Straßenbahngleis gefahren. Jetzt war es oft so, daß er soviel aufgeladen gehabt hat, daß er gar nicht drübergesehen hat über die Körbe, da hat die Straßenbahn allweil gebimmelt, dann ist er erst raus vom Gleis. Und im Winter haben wir immer einen großen Schlitten gehabt und sind damit losgefahren. Heute kann man sich das gar nicht mehr vorstellen, wie das war ohne Auto. Mit Auto, das waren nur so ein paar von der Hautevolee. Etliche Jahre nach dem Krieg haben wir einen Lieferwagen gekriegt, einen Dreiradler. Ein Auto hat's noch nicht gegeben, der Papa war dagegen. Wir haben immer gesagt: »Wenigstens einen Vierradler.« – »Nein, da wird sowas zum Sport«, hat er gesagt. Am ersten Tag ist

der Lieferwagen schon siebzehnmal stehengeblieben. Das war ein neues Auto. Dann hat er gesagt: »Gut, daß die keine Flugzeuge herstellen.« Weil die alle runtergefallen wären.
Erna Kölbl, Hausfrau,
Jahrgang 1916,
Anton Allkofer, Bäckermeister,
Jahrgang 1924,
Elisabeth Allkofer, Fachlehrerin,
Jahrgang 1926

Mein Vater hatte die Fahrlehrerprüfung und hat am Abend in einer Fahrschule gearbeitet. Da gab es einen 17 M Cabrio, cremefarben mit roten Lederpolstern, und da habe ich fahren gelernt, mit Lenkradschaltung. Mit 17 Jahren schon die Fahrstunden, weil das ja ein Fahrschulauto war, und 1960

Der Onkel von Hans Weber mit Chauffeur in den 1920er Jahren.

meinen Führerschein gemacht. Ich durfte nicht den Einser machen, den brauchte man damals für eine Vespa, das war das ultimative Kultgerät, aber zu gefährlich. Mit dem Cabrio war ich dann in München. An der Boschbrücke, wo man zum Deutschen Museum fährt, stand zu der Zeit noch ein Polizist. Und ich mußte da links abbiegen, da ist mir der Wagen abgestorben. Dann schaut der Polizist aufs Nummernschild, Regensburg, sagt: »Ja, wenn die Bauern in die Stadt kommen.« Und ich habe da gerade ein halbes Jahr den Führerschein gehabt.
Edith Rölz, Finanzsachbearbeiterin, Jahrgang 1942

Es gab einen Opernsänger, der im Stadttheater gesungen hat, der war blind. Und der ist immer vom Arnulfsplatz in die Prüfeningerstraße gefahren, und da ist dann jedes Mal, wenn seine Haltestelle war, der Trambahnschaffner mit ihm ausgestiegen und

Wolfgang Holst (Mitte) mit Freunden im Garten in Tegernheim, 1976.

hat ihn über die Straße geführt. Dann hat er sich wieder zurechtgefunden.
Irmengard Kunst, Chemotechnikerin, Jahrgang 1922

Nachdem ich handwerklich nicht ganz ungeschickt bin und mein Geld mit dem Herrichten von Autos verdient habe, habe ich immer gute Autos gefahren, alte Autos, Heckflossen-Mercedes und so, die waren billig, und repariert habe ich sie selber. Das hat mir immer viel Spaß gemacht. Käfer war mein erstes Auto, aber das ist ja kein Auto praktisch gewesen.
Wolfgang Holst, Gastronom, Jahrgang 1954

Ich bin sehr früh Rad gefahren, und da gab es ein mittelgroßes Rad, ein Bubenrad mit Stange, das haben in meiner Familie vor mir zwei ältere Vettern gehabt. Ich bin draußen immer rumgesaust und eines Tages mit einem der wenigen Autos, die es damals gab, zusammengestoßen. Bei der Gumpelzhaimer Straße bin ich aus einem engen Weg zwischen zwei Gärten rausgeschossen, dann kam der mit seinem Auto, das war ein Mercedes, riß sein Auto herum und fuhr auf der anderen Straßenseite in den Zaun einer Gartenwirtschaft. Das war eine große Katastrophe, ich war dann bewußtlos, bin vom Radl runtergeflogen und hatte Fahrverbot eine Zeitlang, durfte nur noch im Garten unseres Hauses herumkurven.
Juan Rosengold, Kaufmann, Jahrgang 1923

Wie noch die Straßenbahn über die Steinerne Brücke gefahren ist, die hat

Werner Graggo mit dem Ford Eifel seiner Eltern vor der Steinernen Brücke, 1949.

Vorfahrt gehabt, und am Samstag ist es ja richtig zugegangen – die Marktweibeln und die Ochsenfuhrwerke und die Pferdefuhrwerke. Wenn die Straßenbahn gekommen ist, hat sie immer fest geläutet, jetzt mußten die Fuhrwerke alle auf die linke Seite, dann hat der Verkehr gestockt auf der anderen Seite. Aber die Fahrradfahrer, ich war auch eine Fahrradfahrerin, wir haben uns immer geschickt, daß wir vor der Straßenbahn noch waren, sonst haben wir auf den Bürgersteig rauf müssen. Und wenn die Straßenbahn vorbei war, haben die Ochsenfuhrwerke wieder nach rechts können.
Betta Krön, Finanzbuchhalterin, Jahrgang 1922

Ich habe ein Fahrrad gehabt. Das Fahrradfahren habe ich so gelernt, daß ich das Rad an ein Geländer hingelehnt habe, und dann bin ich auf das Fahrrad drauf und losgefahren, weil ich konnte das nicht, aufs fahrende Fahrrad draufspringen. Und beim Absteigen habe ich es weggeschmissen. Da war ich so elf oder zwölf Jahre alt.
Adolf Eichenseer, Bezirksheimatpfleger a.D.,
Jahrgang 1934

Als ich in die Schule gegangen bin, waren diese Cinquecentos in, der 500er Fiat, da haben wir auch einen gehabt, das war so der Zweitwagen meiner Mama, die hat sehr spät den Führerschein gemacht. Wir haben also den sogenannten »Spucki« bekommen, einen roten 500er Fiat. Und der erste Wagen war der NSU-Prinz, »Adi«, der war dunkelblau, auch ein traumhaftes Auto. Die

Die Eltern von Werner Graggo vor der Emmeramsapotheke am Kassiansplatz, um 1949.

Nachbarn hatten auch so ein Auto, und da war mal der Rekord, neun Kinder plus die dicke, übergewichtige Frau Häberlein in diesen Cinquecento zu kriegen. So sind wir in die Schule gefahren.
Claudia Schwerdtfeger, Volkskundlerin und Verlagsangestellte, Jahrgang 1960

'63 oder '64 wurde die Straßenbahn abgeschafft, da gab es dann die Omnibusse mit Oberleitung, und die gingen dann schon über die Nibelungenbrücke in die Konradsiedlung. Die waren eigentlich recht umweltfreundlich, weil sie ja mit Strom gingen. Mein Vater war Elektriker bei der Stadt Regensburg und hat eine Stelle bei der Straßenbahn gehabt, er hat dann später die Straßen-

bahnschaffner zu Busfahrern umgeschult. Von der Straßenbahn ist er zu den O-Bussen gekommen. Wenn es Frost hatte, sind die Oberleitungen und die Stromabnehmer eingefroren, dann hat mein Vater was erfunden, daß das durch einen Stromstoß schon vorher abgetaut war.
Edith Rölz, Finanzsachbearbeiterin, Jahrgang 1942

Die ersten Zeiten, da hat es ein Motorrad gegeben, das war das erste Fahrzeug. Hinten drauf war meine Mutter, mein Vater war auf dem Hauptsitz, und ich war auf dem Benzintank vorne gesessen, und so ist man gefahren. Das war nichts Besonderes, heutzutage würde einen die Polizei mit Blaulicht jagen. Und später kam dann das erste Auto, ein Ford Eifel, das war die Sensation in der Familie, als das Fahrzeug angeschafft worden ist. Bei dem gingen noch die Türen nach hinten auf. Das war eine ganz aufregende Szene, da sind wir mit dem Auto gefahren, der Vater, die Mutter und ich hinten, wir sind fast 100 gefahren mit dem Ding, und auf einmal ist durch die Geschwindigkeit und die schlechte Straße die Vordertüre aufgegangen. Und die ist dann durch den enormen Fahrtwind abgerissen. Das mußte man wieder reparieren. Eine Zeitlang ist das Fahrzeug immer bei der Wohnung von meinem Onkel in Kumpfmühl abgestellt worden, am Berg oben, da konnte man, wenn der Anlasser nicht ging, das Fahrzeug anrollen, dann ist es angesprungen. Das war wahrscheinlich auch in den fünfziger Jahren.
Werner Graggo, Luft- und Raumfahrttechniker, Jahrgang 1942

Stadt-Ansichten abseits der Touristenrouten

Fragt man die Bewohner der Stadt, warum sie gerne in Regensburg leben, gerät so mancher (Wahl-)Regensburger und so manche (Wahl-)Regensburgerin ins Schwärmen. Viele Menschen mögen an der kleinen Donaumetropole ihre Überschaubarkeit, ihre Denkmäler aus zwei Jahrtausenden und die malerische Lage am Fluß. Wer schon lange Zeit in Regensburg lebt, vergleicht gerne früher mit heute und macht deutlich, daß die Sanierungen der 1970er und 1980er Jahre das Innere der Altstadtbauten maßgeblich verschönert haben. Gleichzeitig sind aber auch in Regensburg viele alteingesessene Läden und Lokale der Modernisierung des Stadtbildes zum Opfer gefallen. Das letzte Kapitel des Buches ist daher den Stadt-Ansichten gewidmet und handelt vom Verhältnis der Bewohner zur *Ratisbona*, in der sie ihren Lebensmittelpunkt haben.

Bei einem Brand rettet die Feuerwehr eine Frau aus dem Obergeschoß des Hauses »Café Schürenbrand« am Neupfarrplatz, 1960er Jahre.

Regensburg heißt einfach: die schönsten Biergärten Bayerns mit super Brauereien, Kneitinger, »Spitalkeller« und früher noch der »Brandl-Bräu«. Und was Regensburg so auszeichnet, ist sein Umland. Wo haben wir denn so viele Flüsse in der Nähe? Vilstal, Naabtal, Regental, Donautal, Altmühltal. Und natürlich die Universität, ohne die wäre Regensburg verschlafene Provinz. Als Einwohner von Regensburg hat man kulturellen Hochgenuß. Wenn ich da an Jazz denke, Jazzgrößen und Big Bands, oder auch an klassische Konzerte, jeder macht hier in Regensburg Halt. Und der Dom, der ist natürlich ein Wahnsinn, vielleicht weil ich als Domspatz da eine enge Beziehung habe – aber für so eine kleine Stadt so einen Riesendom mit einer lebendigen Geschichte! Und die Einwohnerzahl, nicht zu wenig und nicht zu viel.
Bernhard Gubo, Unternehmer,
Jahrgang 1970

Dieser mittelalterliche Stadtkern, das waren früher richtige Elendsviertel, eine fürchterliche Bausubstanz, und alles war feucht durch die Donaunähe. Aber dann wurden diese Viertel in den siebziger Jahren mit Städtebauförderung saniert und Bäder eingebaut. Das ist jetzt eine tolle Wohngegend, so wie das heute aussieht.
Edith Rölz, Finanzsachbearbeiterin,
Jahrgang 1942

1980 bin ich nach Regensburg zurückgekommen. Ich war bis dahin in leitender Stelle in der Industrie, hatte sehr viel Arbeit und Karriere gemacht. Meine Frau hatte ein Geschäft in Wien. Und wir haben gesagt: »Wir geben alles auf und suchen uns einen Ort aus, wo wir leben wollen.« Und dann haben wir alles sortiert und uns überlegt, wo es am besten zu leben wäre. Und haben uns für Regensburg entschieden. Weil

Ein Eckhaus am Domplatz nach einem Brand, um 1920.

man in Regensburg den wenigsten Aufwand treiben muß, um gut leben zu können. Woanders muß man weitaus mehr verdienen, um diesen kulturellen Hunger, den wir haben, stillen zu können. Wir sind bei allen möglichen kulturellen Veranstaltungen und Vereinigungen dabei und leben total anders als in unserem sogenannten Vorleben, das 20 Jahre zurückliegt. Ich habe Regensburg eigentlich erst entdeckt, als wir 1980 hierhergekommen sind. Dann bin ich bewußt durch die Altstadt gegangen und habe gesehen, daß es eine ziemlich schöne Stadt ist. Als Kind schätzt man das nicht so. Und es ist auch wirklich schöner geworden. Es ist nicht mehr so grau, die Häuser sind hergerichtet worden. Und dann die vielen Aktivitäten, die im Sommer auf der Straße stattfinden, die Straßencafés, das sogenannte »italienische Flair«, ob das damals auch schon so war?
Werner Graggo, Luft- und Raumfahrttechniker,
Jahrgang 1942

Werner Graggo mit Großmutter, Mutter, Cousine und Schäferhund Rolf am Oberen Wöhrd vor dem Panorama der Altstadt, 1948.

Ich war schon immer sehr stolz auf meine Stadt. Ich spreche auch immer von »meinem Dom«. Mein Freund sagt oft: »Das ist nicht dein Dom«, sage ich: »Doch, das ist schon mein Dom, das ist halt einfach so.« Das ist eine schöne alte Stadt, und ich entdecke immer noch Neues. Typisch Regensburg ist für mich, mit dem Fahrrad über die Steinerne Brücke zu fahren und diese Kulisse zu sehen. Oder wenn du über die Donaubrücke fährst und schaust bei Abendrot über die Altstadt, wenn der Dom wie so ein Spitzengeflecht durchschaut, und siehst bis Adlersberg, das ist ein Traum einfach. Die Verbindung mit dem Wasser, das ist, was ich als wahnsinnig schön empfinde, die vielen Brücken und diese ganzen schönen Parks, das finde ich einmalig für diese Stadt. Da habe ich eigentlich sehr schöne Erinnerungen, stundenlange Spaziergänge mit Freunden, im Herbst durch die Parks flanieren oder von den Winzerer Höhen runterschauen auf die Altstadt. Oder auch die vielen schönen alten Häuser, die verschachtelten Gassen. Es ist groß und klein, alt und neu, das ist immer schon das gewesen, was mich an der Stadt auch fasziniert und wahnsinnig schwer losläßt. Das ist eine Stadt, die sehr überschaubar ist und sehr menschliche Dimensionen aufweist. Ich bin schon eine Patriotin, bin eine Regensburgerin im Herzen.
Claudia Schwerdtfeger, Volkskundlerin
und Verlagsangestellte,
Jahrgang 1960

Eine Ansichtskarte von 1914 mit Blick auf den Dom und die Steinerne Brücke.

Wir, die in Weichs aufgewachsen sind, wir sind in ganz Regensburg in alle Richtungen verstreut. Ich bin jetzt fast 30 Jahre weg gewesen, bin '97 wieder zurückgezogen. Das hat sich natürlich total alles verändert. Aber eines ist schön. Wenn man spazierengeht, dann siehst du: »Ach, da leben ja noch dem seine Eltern dort.« Man hört Namen, wenn man dann beim Fußballspielen zuschaut: »Ach, das kann ja bloß der Sohn von dem und dem sein, der zu mir in die Schule gegangen ist.« Die Eltern kennen einen dann nicht mehr, wenn man so lange weg ist. »Ich bin der Erhard Walter«, ach, dann kommt es ihnen schon wieder. Und schön langsam werde ich wieder dorten wahrscheinlich als Weichserer persönlich angeschaut. Als Weichserer.
Walter Erhard, Dreher und Betriebsratsvorsitzender,
Jahrgang 1945

Auf jeden Fall war der Neupfarrplatz früher viel schöner wie jetzt, schon allein um die Kirche rum. Die Blumenfrau ist ja schon ewig dort. Aber dann war am Neupfarrplatz noch ein ganz tolles Café, der »Schürenbrand«, mei, das war toll, das Café. Und da gehört auch jetzt wieder ein schönes Café hin. Die Häuser waren auch viel schöner. Auf jeden Fall war der Platz nicht so leer wie er jetzt ist. Trotz dem Umbau, der ist doch nicht schön. Und dann waren am Neupfarrplatz sehr viele Obststände jeden Tag und eine Wurstlbraterei. Zumindest wenn wieder ein schöner Markt käme, aber so gefällt er mir nicht. Aber der Christkindlmarkt ist schön.
Herta Wittmann, Verkäuferin,
Jahrgang 1941

Was ich mit Regensburg verbinde, ist eine schwierige Frage. Ich sehe Regensburg aus verschiedenen Blickwinkeln. Wenn ich mit der Jüdischen Gemeinde anfange, würde ich sagen, wir haben eine ganze Menge erreicht, aber das ist immer sehr relativ. Ich persönlich habe sehr viele, sehr liebe, sehr nette Menschen getroffen, ich kann eigentlich nur sagen, ich fühle mich wohl.

Juan Rosengold, Kaufmann,
Jahrgang 1923

Die Schlossergasse existiert nicht mehr. Das war die Gasse, die an den Häusern entlang vom Neupfarrplatz zum Kassiansplatz geführt hat. Dann war da noch eine Gasse, und da tat sich der Spielhof auf, das ist etwa da, wo heute die Schuhabteilung vom Kaufhaus am Neupfarrplatz ist. Da haben meine Großeltern gewohnt. Meine Großmutter dürfte eine der letzten Personen gewesen sein, die im Spielhof vor dem Abriß gewohnt hat. Beim Neubau vom Horten sind 22 Häuser abgerissen worden, unter anderem der Spielhof, wo meine Großeltern jahrzehntelang drin gewohnt haben. Das war in den sechziger Jahren.

Werner Graggo, Luft- und Raumfahrt-
techniker,
Jahrgang 1942

Wenn ich Regensburg mit anderen Städten vergleiche – man ist irgendwie so daheim, und man fühlt sich wohl in der Stadt. Vielleicht gerade durch die Uni, weil so viele nette Lokale da sind, ist es in Regensburg einfach eine schöne Atmosphäre. Ich fühle mich einfach wohl in Regensburg und ich gehe auch gern einfach bloß so rum und schaue und denke: »Ach Gott, da war das einmal, wie sich das alles verändert.« Und

da denkt man sich, man kann sich gar nicht mehr vorstellen, wie das einmal ausgeschaut hat, weil einfach alles anders ist.

Eva Watter, Hauswirtschaftsleiterin,
Jahrgang 1939

Regensburg ist uns ans Herz gewachsen. Von Schwandorf nach Regensburg sind es ja nur 40 Kilometer, und Regensburg ist eine schöne Stadt. Wir fahren fast alle Woche von Schwandorf nach Regensburg zum Essen in den »Bischofshof«. Jetzt haben wir mit 73 Jahren noch ein Enkerl bekommen, und jetzt fahren wir, wenn es geht, hin und besuchen es.

German Riedl, Rundfunkmechaniker-
meister,
Jahrgang 1928

Der Neupfarrplatz in den 1960er Jahren.

Ansichtskarte mit Blick auf das Ostentor von 1948.

Regensburg habe ich immer erfahren durch die alte Stadt, ich denke mich selbst historisch und auch die Umgebung, in der ich lebe. Ich erfahre das gern, daß die Dinge gewachsen sind. Das mag ich an Städten wie Regensburg im Gegensatz zu Städten, die aus der Retorte aufgebaut sind, wo du immer nur siehst, ob sie jetzt in den fünfziger oder in den sechziger Jahren gebaut worden sind. Diese Überschaubarkeit, das ist das, was ich an Regensburg auch sehr mag. Es gibt Kneipen, wenn ich ein Jahr lang nicht dort war, treffe ich immer noch Leute, die ich kenne. Ich habe immer gesagt: »Wenn schon in Deutschland leben, dann soll es Regensburg sein.«
Wolfgang Holst, Gastronom,
Jahrgang 195

Kurzbiographien der Zeitzeugen

Den vier Geschwistern **Allkofer** gehört seit Jahrzehnten die Arnulf-Bäckerei in der Regensburger Altstadt. **Maria** ist gelernte Köchin, **Erna** (verh. Kölbl) macht die Buchhaltung, **Anton** ist Bäckermeister und **Elisabeth** ausgebildete Fachlehrerin.

Der Historiker **Dr. Werner Chrobak** hat Hobby und Beruf miteinander verbunden. Neben seiner Tätigkeit in der Bischöflichen Zentralbibliothek ist er ehrenamtlicher Stadtheimatpfleger und macht Führungen in Regensburg. Mit seiner Familie wohnt er in Eilsbrunn, Gemeinde Sinzing.

Der ehemalige Bezirksheimatpfleger **Dr. Adolf Eichenseer** hat zahlreiche Bücher veröffentlicht. Sein Hauptinteresse gilt der Oberpfälzer Volksmusik. Mit seiner Frau wohnt er am Pfaffensteiner Hang, hat zwei erwachsene Töchter und Enkel.

Walter Erhard ist gelernter Dreher und Betriebsratsvorsitzender der Regensburger Zuckerfabrik. Er lebt mit seiner Frau in Weichs, hat einen erwachsenen Sohn und liest gerne Bücher zu den Themen Garten und Umweltschutz.

Annemarie Filzmann-Kerschensteiner arbeitet als Wachsbildnerin und hat ein eigenes Museum im Bayerischen Wald. Sie wohnt in Prüfening, hat eine erwachsene Tochter und Enkelkinder.

Der Luft- und Raumfahrttechniker **Werner Graggo** hat in Regensburg seine Jugendjahre verbracht und ist 1980 in die Stadt zurückgekehrt. Für die Sanierung seines mittelalterlichen Hauses hat das Ehepaar Graggo die bayerische Denkmalschutzmedaille bekommen.

Der Geograph **Bernhard Gubo** hat sich als Unternehmer auf regenerative Energien spezialisiert und realisiert Windkraftanlagen. Er wohnt in der Altstadt, interessiert sich für Musik und fährt gerne in die nahe Tschechische Republik.

Der ehemalige Gemeindeschreiber **Reinhold Heigl** hat seine Erinnerungen an Regensburg in der Kriegs- und Nachkriegszeit bereits in drei eigenen Büchern beschrieben. Außerdem hat er die erste Blindenzeitung Bayerns gegründet. Er wohnt in Rheinhausen.

Der Pädagoge und Gastronom **Wolfgang Holst** hat neben der Regensburger »Latina«-Bar eine Internet-Agentur. Er macht gerne Tai-Chi und wohnt im Regensburger Norden.

Betta Krön hat bis zu ihrem 73. Lebensjahr als Finanzbuchhalterin gearbeitet. Sie lebt in Lappersdorf und liebt Handarbeiten, vor allem komplizierte historische Strickmuster.

Die Schwestern **Irmengard Kunst** und **Gertraud Lutz** leben seit Kriegsende im selben Haus im Regensburger Westen. Während Gertraud Lutz viel Zeit mit den Enkeln und beim Malen verbringt, hat Irmengard Kunst das Hobby Handarbeiten für sich entdeckt.

Hans Renner bewirtschaftet den Einödhof Rehtal, der seit Generationen in Familienbesitz ist. In seiner Freizeit beschäftigt er sich mit Geschichte, Politik und Tubaspielen. Aus seiner Zeit bei der Regensburger Landjugend stammt unser Umschlagbild.

German Riedl wohnt mit seiner Frau in Schwandorf. Mit Regensburg verbindet ihn vor allem die Ausbildung als Flugzeugelektriker-Lehrling in den Messerschmitt-Werken. Er hat zwei Söhne und ein Enkelkind, um das er sich gerne kümmert.

Edith Rölz arbeitet als Finanzsachbearbeiterin bei der Friedrich-Ebert-Stiftung. Sie wohnt am Ziegetsberg und hat einen erwachsenen Sohn. Ihre Lieblingsbeschäftigungen sind Lesen und Reisen.

Juan Rosengold gehört seit Jahren zum Vorstand der Jüdischen Gemeinde Regensburg. Der gebürtige Regensburger emigrierte 1939 nach Argentinien und kehrte 1956 zurück. Mit seiner Frau lebt er heute im Regensburger Westen.

Claudia Schwerdtfeger hat seit kurzem ihre Heimat Regensburg mit München vertauscht, wo die Volkskundlerin in einem Verlag arbeitet. Mit ihrem »Kabarett Gelb« hat sie in der ganzen Oberpfalz große Erfolge gefeiert.

Der Buchhalter **Michael Stöberl** lebt in einem Seniorenheim im Regensburger Westen. Der leidenschaftliche Amateurfotograf hat mehrere Auszeichnungen erworben und interessiert sich für Computer.

Eva Watter ist ausgebildete Hauswirtschaftsleiterin. Sie ist begeisterte Leichtathletin, hat drei erwachsene Kinder, reist gerne und lebt in Lappersdorf.

Hans Weber engagiert sich für die »Naturfreunde« und für deutsch-jüdische Begegnungen. Der ehemalige Regensburger SPD-Bürgermeister ist gelernter Elektriker und wohnt mit seiner Frau im Regensburger Westen.

Herta Wittmann hat 40 Jahre als Verkäuferin im Kaufhaus am Neupfarrplatz gearbeitet. Mit ihrem Mann wohnt sie in der Altstadt direkt an der Donau. Sie hat einen erwachsenen Sohn und sammelt Puppen.